Willy Brandt

»...was zusammengehört«

Reden zu Deutschland

Verlag J. H. W. Dietz Nachf.

Ein Sonderdruck der Friedrich-Ebert-Stiftung
für die demokratischen Reformkräfte in der DDR

ISBN 3-8012-3035-X

Copyright © by Verlag J.H.W. Dietz Nachf. GmbH, Bonn
In der Raste 2, D-5300 Bonn 1
Lektorat: Martin Rethmeier
Umschlag: Manfred Waller, Reinbek (Foto: Darchinger)
Gesamtherstellung: Ebner Ulm
Alle Rechte vorbehalten
Printed in Germany 1990

INHALT

Vorwort
7

Eine Zeit geht zu Ende
15

Neues Denken – Chancen für Europa und die Welt
25

... und Berlin wird leben
37

Die Einheit wächst von den Menschen her
43

Was Erneuerung heißen soll
55

Ein neues Gewicht für Europa
63

Frieden nach außen und nach innen
81

Die Form der deutschen Einheit
89

„Die Sache ist gelaufen"
99

Das gemeinsame deutsche Haus gestalten
111

Nach zwanzig Jahren
123

Im Interesse der Einheit
135

Der Demokratie zum Sieg verhelfen
141

Freude, Nachdenklichkeit und neue Verantwortung
151

Vorwort

Kein Zweifel: Mit Anbruch der neunziger Jahre begann ein neues Kapitel der europäischen Geschichte. Im Jahr der unvergeßlichen, ganz überwiegend friedlichen Umwälzungen endete die Ära verkrampfter Konfrontation und widernatürlicher Teilung. Ich dachte nicht allein an Berlin, als ich am 10. November vor dem Schöneberger Rathaus sagte: Nun wächst zusammen, was zusammengehört.

Dies nun ist es, was wir erleben. Selbstverständlich mit vielen Unterschieden, auch manchen Widersprüchen. Die Geschichte handelt ja überwiegend nicht von Vorgängen, die widerspruchsfrei oder gradlinig verliefen. Und es gibt keinen wichtigen historischen Prozeß, zu dem nicht Sprünge, aber auch Rückschläge gehören. Wie hätte das jetzt anders sein sollen?

Und wer wollte behaupten, er habe das Tempo der Veränderungen vorausgesehen? Allenfalls ließ sich ahnen, daß weitreichende Veränderungen ins Haus stünden.

Die revolutionären Wellen, die in unterschiedlichem Tempo

den bisherigen Ostblock erfaßten (und zu so beeindruckenden Ergebnissen führten), finden mehr als *eine* Erklärung:

– Die Empörung breiter Schichten über die Systeme der Entmündigung und geheimpolizeilichen Drangsalierung – verstärkt durch die Wut auf wirtschaftspolitisches, technologisches und ökologisches Versagen – brach sich vehement Bahn, als der disziplinierende Druck nachließ, der vom kalten Krieg ausgegangen war.

– An den Schalthebeln sowjetischer Macht saß seit 1985 eine veränderte Führungsgruppe mit einer Persönlichkeit an der Spitze, die – vor dem Hintergrund düsterer Realitäten jenes großen Landes – die Lehren des Lebens ernst nahm und ideologische Fesseln ebenso wie bürokratischen Ballast abzuwerfen versuchte.

– Der Osten konnte nicht unbeeinflußt bleiben von dem, was mit neuem Elan (wenn auch mit Unzulänglichkeiten) von der Europäischen Gemeinschaft im Westen auf den Weg gebracht wurde.

– Als die Apparate kommunistischer Herrschaft wankten, gab es in den meisten Ländern, die zum Ostblock gehörten, beherzte Männer und Frauen, die zur rechten Zeit das passende Wort fanden und den demonstrativ aufbegehrenden Massen Orientierung zu geben vermochten, auch durch die an verschiedenen Orten eingerichteten Runden Tische.

Dies waren die großen Stunden einer intellektuellen Vorhut, an der die Entwicklung aber bald vorbeizog, so sie sich nicht auf Gegebenheiten einstellte, die raschen Übergängen zur parlamentarischen Demokratie eigen sind.

Im deutschen Fall zeigten sich wegen der unmittelbaren Nähe zur Bundesrepublik einige dieser Faktoren verstärkt (so die Kompromittierung von Losungen und Symbolen, die einst in der deutschen Arbeiterbewegung einen guten Klang gehabt hatten). Anderes kam hinzu:

– Die DDR blieb, von manchen ausländischen Beobachtern kaum wahrgenommen, ohne eigene nationale Identität. Die elektronischen Medien – von gewaltiger Bedeutung für alles, was mit Glasnost und Demokratisierung zusammenhängt – konnten in die

DDR voll ausstrahlen. Und das Wohlstandsgefälle zur Bundesrepublik mußte für viele Menschen noch offensichtlicher werden als die Vorzüge des westdeutschen Grundgesetzes. Aber es bestätigte sich auch – bei allem Wandel der Generationen und bei allen im Westen zu verzeichnenden Fortschritten der europäischen Einigung –, daß dem Drang zur nationalen Einheit, also zur Überwindung willkürlicher Trennung, eine elementare Kraft innewohnt.

– Hinzu kam, daß die Bonner Regierung und solche Kräfte, die sich sehr bewußt im Sinne parteipolitischer Konfrontation ins Zeug legten, erheblichen Einfluß auf die Meinungsbildung in der DDR gewannen. Die sozialen und gesellschaftspolitischen Aspekte der deutschen Vereinigung wurden dabei eher vernachlässigt. Konkrete Hilfen wurden auf die lange Bank geschoben. Die Art, in der nicht nur eifernde Kreise der bundesdeutschen Rechten, sondern auch solche, die sich der Mitte zurechnen, auf die März-Wahlen zur neuen Volkskammer einwirkten, mußte bei nicht wenigen einen bitteren Nachgeschmack hinterlassen. Das Zusammenwachsen der beiden Teile wurde dadurch eher belastet denn gefördert.

– Nachdem sich in Polen traditionelle und neue Kräfte der Opposition schon zu Beginn des Jahrzehnts auf den Weg gemacht hatten und die mächtige – aber eher konservative – katholische Kirche des Landes hinter sich wußten, spielten in der DDR vor allem die evangelischen Kirchen eine bedeutende, überwiegend liberale Rolle – eine Mission, die aus der Geschichte deutscher Freiheitsbewegungen nicht mehr wegzudenken sein wird. Sie boten an vielen Orten das Schutzdach, unter dem unterschiedliche, bis in den Herbst '89 hart bedrängte Gruppen ihr Engagement für Menschenrechte und wahrhaftige Information, für Friedenssicherung (einschließlich der Mitverantwortung für die Hungernden in der Dritten Welt) und für umfassenden Schutz der Natur besprachen und aufeinander abstimmten. Als sie dann – in Leipzig und Ost-Berlin wie vielerorts sonst – im Bündnis mit Abertausenden zeigten, was die breiten Schichten wollten, mündete es in den Ruf: „Wir sind das Volk ..."

– Die unerwartet rasche Auflösung fast aller Einrichtungen

des SED-Staates forderte den neuen Kräften mehr ab, als irgend jemand unter solchen Bedingungen hätte leisten können. Es drohte ein Absinken in chaotische Zustände, und dies beförderte den Ruf nach möglichst postwendendem Zusammengehen mit der Bundesrepublik. Wer im einzelnen die Bedingungen erörtern wollte, unter denen sich – möglichst fair und geordnet – die Vereinigung zu vollziehen hätte, konnte kaum Gehör finden. Gleichzeitig waren die Parteien in der DDR dabei, sich neu zu formieren oder sich kosmetischen Behandlungen zu unterziehen. Doch bei allen Unebenheiten zeigt gerade auch die deutsche Erfahrung, daß sich Demokratie auf den Ebenen des Staates ohne Parteien kaum verwirklichen läßt.

Die Sozialdemokratie, die schon in ihrer Frühphase in den Landesteilen der späteren sowjetischen Besatzungszone überdurchschnittlich stark verankert war, wurde dort im Frühherbst 1989 von neuen Kräften wieder begründet; ihre Gründungsstätte war ein schlichtes Pfarrhaus in der Nähe von Berlin. Die neuen Kräfte legten großen Wert auf ihre nicht nur formale Selbständigkeit, sondern auch inhaltliche Eigenverantwortung. Zunächst, noch unter den Bedingungen der Halblegalität, ließen sie auch den Parteinamen (SDP statt SPD) von dem traditionellen abweichen. Doch es entwickelte sich, wie es gar nicht anders sein konnte, bald eine enge, auch in Gremien verankerte Zusammenarbeit zwischen den beiden Zweigen der einen deutschen Sozialdemokratie – in der klaren Perspektive ihres Zusammenschlusses im Verlauf des Prozesses staatlicher Einheit.

Auf ihrem ersten Parteitag in Leipzig im Februar haben mich die DDR-Sozialdemokraten – wie die in der Bundesrepublik drei Jahre zuvor – zu ihrem Ehrenvorsitzenden gewählt. Schon im Oktober 1989 hatten sie sich durch ihren Gründungsvorstand an mich als Vormann der internationalen Arbeitsgemeinschaft sozialdemokratischer Parteien (offiziell: Präsident der Sozialistischen Internationale) gewandt und um Zusammenarbeit gebeten. Den sich hieraus ergebenden Kontakt ließ ich, mit Rücksicht auf die noch herrschenden Verhältnisse, zunächst durch schwedische Freunde wahrnehmen. Doch am 10. November, einen Tag nachdem die Mauer weit geöffnet geworden war, trafen Hans-Jochen Vogel und ich mit Ibrahim Böhme und Mitgliedern des sich um ihn gruppierenden Führungskreises in Ost-Berlin zusammen. Ende des Monats kamen Delegierte der SDP (wie sie bis zu einer Delegiertenkonferenz im Januar 1990 hieß) zur Rats-Konferenz unserer Internationale nach Genf. Sie wurden zu regelmäßiger Teilnahme und Mitarbeit eingeladen.

Die SDP, dann SPD (DDR) hat in wenigen Monaten zu leisten gehabt, wozu in halbwegs normalen Zeiten Jahre gebraucht werden: Grundelemente einer organisatorischen Struktur, programmatische Grundlagen, die demokratische Auswahl von Kandidaten, einen terminlich noch (von Mai auf März) vorgezogenen Wahlkampf, dem ein zweiter auf der Ebene der Städte und Gemeinden gleich folgen sollte. Die Teilnahme an Runden Tischen, an der Übergangsregierung des Hans Modrow, an vielfältigen Bereichen öffentlicher Ordnung und örtlicher Verwaltung kam hinzu. Und alles dies ohne die materiellen und personellen Ressourcen, auf die sich eine Blockpartei wie die Ost-CDU stützen konnte. Auch ohne die gewaltigen Mittel, die aus der Bundesrepublik durch CDU und CSU mobilisiert wurden. Was die Sozialdemokraten – überwiegend durch lokale und bezirkliche Anstrengungen – an Organisationshilfen aufbrachten, fiel demgegenüber nicht so sehr ins Gewicht. Gleichwohl haben die zahlreichen dezentralen Initiativen, zusätzlich zum solidarischen Engagement der Bundes-SPD, viel Anerkennung gefunden.

Ein mehr oder weniger leistungsfähiges Mehrparteien-System wird sich in nun ganz naher Zukunft in allen Staaten des bisherigen Ostblocks (mit Ausnahme des noch spät-stalinistischen Albanien) durchgesetzt haben. In den meisten Fällen freilich, ohne daß an eine starke, nur verschüttete demokratische Tradition angeknüpft werden könnte. Die Gefahr besteht, daß junge Pflanzen niedergetrampelt oder dem Erfrieren ausgesetzt werden könnten. Eine wesentliche Sicherung kann darin liegen, daß es ein durchgängiges, natürlich auch wirtschaftlich begründetes Interesse an ausgedehnter europäischer Zusammenarbeit gibt. Also verfügen die europäischen Institutionen (nicht allein die der Europäischen Gemeinschaft) über eine erhebliche Hebelwirkung, wo es um gesicherten Fortschritt auf dem Weg zu pluralistischer Demokratie geht.

Für mich gibt es keinen Zweifel daran, daß unverfälschte Grundüberzeugungen und Traditionen der Sozialdemokratie, verbunden mit modernen Einsichten, im pluralistischen Prozeß der europäischen Neugestaltung eine wichtige Rolle spielen werden. Dabei wird sich dann erst noch zeigen müssen, inwieweit einzelne der umbenannten kommunistischen Parteien einen tiefgreifenden Wandel durchlaufen haben und zu ernst zu nehmenden Partnern im demokratischen Wettbewerb werden können. Es liegt auf der Hand, daß Bodengewinn für sozialdemokratische Gedanken (und für die unbefangene Erörterung sozialdemokratischer Modelle) in der Sowjetunion besondere Aufmerksamkeit verdient.

Es kann wohl auch keinem Zweifel unterliegen, daß mancherorts im bisherigen Ostblock die Gefahr nationalistischer Exzesse (ohne oder mit üblen rassistischen Begleiterscheinungen) und autoritärer Rückfälle ernst zu nehmen ist. Im Kampf gegen Gespenster aus der Vergangenheit und gegen neue Verirrungen haben die bewußten Europäer noch einiges vor sich.

Bonn, im März 1990 W. B.

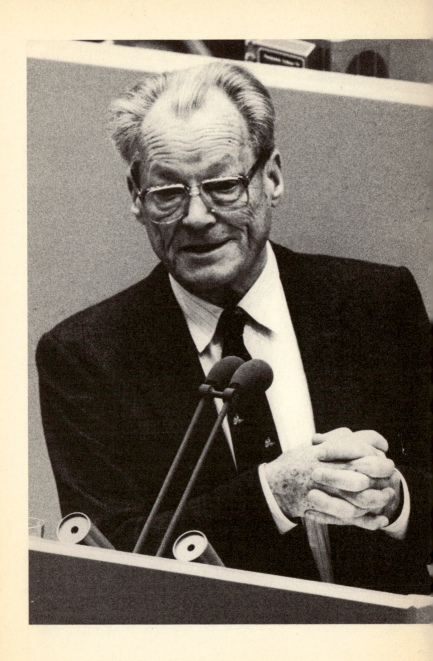

Eine Zeit geht zu Ende

Bonn, Deutscher Bundestag, 1. September 1989

Vielleicht ist es zuviel verlangt, sollte einem zu den schwierigen Daten unserer jüngeren Geschichte immer noch Neues einfallen. Das Feld ist einigermaßen abgeschritten. Aber vielleicht kommt es nicht auf immer neue Deutungen dessen an, was hinter uns liegt. Und es gibt Wahrheiten und Einsichten, die nicht oft genug in Erinnerung gerufen werden können. Dies gilt gerade in einem Zeitabschnitt, in dem sich zwischen den Teilen Europas so viel ändert, wie wir es gegenwärtig erleben.

Ich finde es ermutigend, daß – bei allem sonstigen Wandel – jenes doppelte Nein lebendig geblieben ist, das uns Ältere zusammenführte, als nach 1945 unser staatliches Notdach zu errichten war: das „Nie wieder" zu deutscher Schuld an Überfällen, kriegerischer Verwüstung oder gar Völkermord. Und das andere „Nie wieder" zur Knebelung des eigenen Volkes – und zu dessen Selbstentmündigung.

Das Versprechen und die Entschlossenheit, von deutschem Boden nie mehr Krieg ausgehen zu lassen, sollten richtig verstanden werden, nämlich als Ausdruck eines geläuterten Friedenswillens. Doch wir sollten uns dabei nicht überschätzen. Die anderen würden sich wohl zu schützen wissen, sollte in der Mitte Europas noch einmal jemand auf extreme Weise verrückt spielen wollen.

Es läßt sich verstehen, daß nachwachsende Generationen, auch bei uns, mit Tagen, die an nationale Schande und europäisches Unglück erinnern, nicht besonders viel im Sinn haben. Der zeitliche Abstand fällt ins Gewicht: Wer jetzt sechzig ist, war zehn, als der Zweite Weltkrieg begann. Und zu den Wahlen gehen jetzt junge Frauen und Männer, die eben geboren waren, als heftig über die Ostverträge gestritten wurde.

Die Jüngeren möchten wissen, was die Zukunft bringt. Ob die aufregenden Veränderungen im anderen Teil Europas das eigentliche Ende der Nachkriegszeit bedeuten. Und was dies für Deutschland besagen mag.

Auch wenn ein paar Jahre vergangen sind, es ist in unser aller frischer Erinnerung, daß für die beiden militärisch mächtigsten Staaten der Welt zu Papier gebracht wurde: Ein mit Nuklearwaffen geführter Krieg kann nicht gewonnen und darf nicht geführt werden. Aus solcher Einsicht hat sich logisch ergeben, ernsthaft darüber nachzudenken, wie für unseren Teil der Welt – und überhaupt zwischen West und Ost – gemeinsame Sicherheit dauerhaft und zuverlässig verwirklicht werden kann.

Es ist gewaltig, was sich – über den großen Krieg hinaus – in der Welt, nicht zuletzt in der Welt der Technik, verändert hat. Die fünfzig Jahre, die 1939 voraufgegangen waren, hatten es auch schon in sich. Nun, gegen Ende des Jahrtausends, erleben wir den Griff in den Weltraum, das weltweite Fernsehen, die Umwälzung durch Mikrochips, das Bemühen um die Bändigung unvorstellbarer Zerstörungskraft. Die politische Weisheit bleibt gegenüber der Technik, wie man seit langem erfährt, im Rückstand.

Hoffentlich haben wir die Augen nicht davor verschlossen, daß in den letzten Jahrzehnten bei Konflikten in anderen Teilen der Welt an die zwanzig Millionen Menschen – eher mehr denn weniger – umgekommen sind. Wir sollten in dieser Stunde an das Leid denken, das Menschen im Nahen Osten schon so lange zugefügt wird. Und daran, daß in Afghanistan, in Kambodscha und anderswo immer noch geschossen wird. Wir dürfen auch den massenhaften, vermeidbaren Tod durch Hunger und Seuchen und Mangel an sauberem Wasser nicht aus dem Auge verlieren. Nicht die gefahrvolle Zerstörung natürlicher Lebensgrundlagen.

Gesicherter Frieden in Europa – das wäre ein wichtiger Baustein für eine menschenfreundlichere Welt. Aber es bedarf großer zusätzlicher Anstrengungen, um internationale Einrichtungen so auszubauen, daß moderne Erkenntnisse dem Überleben und Wohlergehen der Menschheit wirksam dienstbar gemacht werden.

Erfahrungen der Völker lassen sich weniger leicht vermitteln, als es schon manch einer an seinem Schreibtisch unterstellt hatte. Doch mag ich jenen erlauchten Geistern *nicht* folgen, die uns Menschen überhaupt die Fähigkeit absprechen, aus der Geschichte zu lernen. *Zu* hoch würde auch ich diese Fähigkeit nicht ansetzen wollen. Doch auf einem möglichst wahrhaftigen Umgang mit historischen Fakten muß mit Nachdruck bestanden werden. (Und ich sage „möglichst" nur deshalb, weil wir uns der Begrenztheit dessen klar sein sollten, was sich als zweifelsfrei feststellen läßt.)

Der geschichtlichen Wahrhaftigkeit wird, um ein wieder aktuell gewordenes Beispiel zu nennen, nicht gerecht, wer Stalin ins Feld führt, um Hitler zu entlasten oder gar zu rechtfertigen. Nicht irgendwie und durch irgendwen wurde der Zweite Weltkrieg begonnen, auch nicht nur im mißbrauchten „deutschen Namen". Über Kurzsichtigkeiten nach 1918 läßt sich viel sagen – eindeutig bleibt die hitlerdeutsche Schuld. Der neue Krieg, unter dem Deutschland selbst so schwer leiden sollte, war schon vor dem Hitler-Stalin-Pakt vom 23. August 1939 geplant, vorbereitet, gewollt und hätte sich allenfalls durch vorweggenommene allseitige Kapitulation vermeiden lassen.

Gelegentlich liest man, auch Polen sei 1939 nicht demokratisch regiert worden – was zutrifft, ohne etwas zur Sache zu tun. Wenn damit die Behauptung einhergeht, Polen sei gar nicht überfallen, sondern allenfalls mit einem Gegenangriff überzogen worden, so darf man das nicht durchgehen lassen. Es ist verbürgt, daß der sogenannte Führer vor seinen Generälen prahlte, er werde für die Rechtfertigung des Angriffs sorgen – „gleichgültig, ob glaubhaft". Zu den hausgemachten Vorwänden gehörte ein fingierter Angriff auf den Sender Gleiwitz – nicht so weit entfernt von jenem, damals kaum bekannten, Ort namens Auschwitz, dessen Verbindungen mit fabrikmäßigem Massenmord – vor allem an den unzähligen jüdischen Opfern des Rassenwahns – viele nie mehr haben abschütteln können: Jener Ort hat uns, die gebrannten Kinder der Menschheit, gelehrt, daß die Hölle auf Erden geschaffen werden kann – sie wurde geschaffen.

Daß es für das eigene Volk so enden würde – keine Familie ohne Tote, Millionen ihrer Behausung in den zerbombten Städten beraubt, weitere Millionen ohne die alte Heimat und in der neuen Spaltung – all das hat sich kaum einer vorstellen können, als es begann, an jenem Freitag, dem 1. September '39. Ich lebte, wie man weiß, als von den Nazis Ausgebürgerter in nordeuropäischer Umgebung. Dort hoffte man, neutral durch den Konflikt der Großmächte kommen zu können. Aber man war nicht sicher, wie ernst es werden würde. Am Sonntag, dem 3. September '39, als die englischen und französischen Kriegserklärungen vorlagen, kommentierte das Extrablatt der Zeitung, für die ich tätig war: Es müsse sich erst noch zeigen, ob der *Nerven*krieg eine neue Phase erreicht oder wirklich ein neuer *Welt*krieg begonnen habe.

Aus Berlin und von der Wasserkante hörte ich, und so bestätigen es die gedruckten Berichte: Über Deutschland legte sich in jenen Septembertagen eine lastende Stille: Kein Jubel wie im August '14, als das europäische Ur-Unheil dieses Jahrhunderts begann. Keine Blumen auf den Gewehrläufen. Keine winkenden Bräute. Nicht die angeberischen Sprüche an Eisenbahnwaggons. Auch kein Segnen der Waffen. Keine Flucht in den Krieg als Befreiung aus dem bürgerlichen Alltag.

Ich erinnere hieran nicht, um etwas zu verniedlichen. Ich erinnere jedoch an die heimliche Furcht, die seit der sogenannten Machtergreifung nur noch selten aus den Herzen der Deutschen gewichen war, ob Gegner oder Anhänger des Regimes. Auch bei vielen aus der breiten Schicht bestimmte sie die Stunden des Katzenjammers nach den hochgejubelten Erfolgen.

An jenem 1. September hofften die Naziführer mit ihrem Anhang, daß die Westmächte klein beigeben und sich trotz Polen arrangieren würden. Die plumpe Rechnung ging nicht auf. Die Mehrheit der Deutschen dürfte – anders als die bösen Wunschdenker an der Spitze – mit einer dumpfen, halb gelähmten Gewißheit verstanden haben, daß die Herrschaft des Todes mit letztem Ernst eingesetzt hatte. Man ahnte, daß Millionen nicht heimkehren würden. Daher das Schweigen, das Zeitgenossen ein bleiernes nannten.

Gewiß, dies wurde in den ersten Kriegsjahren verdrängt und vergessen – doch nicht von allen. Es war in den Herzen der vielen, die schon früh einen der Ihren verloren. In den Lagern und Zuchthäusern ließ es sich ohnehin nicht überspielen. Nach Stalingrad und El Alamein kehrte es allgemein und verstärkt wieder. Es nahm jenes entsetzliche Schweigen voraus, das sich 1945 über die Trümmer des Reiches legte – über die Ruinen Europas, vor allem auch der Sowjetunion.

Es blieb – bei einigen nachdrücklicher als bei anderen – das Schweigen der Trauer, der Scham, der Mitschuld, jedenfalls der Mitverantwortung für das Schicksal anderer und vor dem eigenen Volk.

Nicht notwendigerweise hat es so kommen müssen, wie es 1933 und 1939 gekommen ist. Nicht erst in lebensgefährlichen Schriften des Untergrunds, nein, schon in Aufrufen aus der Zeit der zu Ende gehenden Weimarer Republik war gewarnt worden, daß Hitler Krieg bedeute. Mit dieser Einsicht bin ich politisch aufgewachsen. Ich habe nicht vergessen, daß vielen als Empfehlung erschien, was auf die anderen abschreckend wirkte. Die meisten – auch im Ausland – meinten, die Warnungen seien übertrieben. Durch linksintellektuelle Aufgeregtheit (oder was als solche empfunden wurde) mochten sich nationalbürgerliche Grundinstinkte nicht anfechten lassen.

Doch auch wenn man nicht hatte hören wollen, daß X zu Y führe, in Wahrheit hörte man es doch. Man wollte es nicht glauben und fürchtete es dennoch. Da waren natürlich auch jene, die sich aufführten, als fürchteten sie nichts auf der Welt, schon gar nicht

Gott. Sie wollten nicht bloß Krieg, sondern einen solchen, dessen maßlose Erniedrigung ihnen nichts ausmachte. Was sie wollten, hätte man auch damals wissen können. Doch denen, die es wußten – und sagten –, ging es nicht gut.

Eine selbstkritische Frage drängt sich mir auch hier auf: Wenn man die Warnung vor dem, wohin die NS-Herrschaft führen werde, buchstäblich und ganz ernst genommen hätte, wären dann nicht viel größere Risiken angemessen gewesen, um das nationale und europäische Unheil abwenden zu helfen? Auch als klar war, daß Hitlers Krieg nur noch zu verlieren war, hätte sich beträchtliche menschliche und materielle Substanz vor der Vernichtung bewahren lassen.

Die große Lehre jener Zeit lautet: Wo die Freiheit nicht beizeiten mit großem Einsatz verteidigt wird, ist sie nur um den Preis schrecklich hoher Opfer zurückzugewinnen. Ein mündiges Volk darf die Macht nicht in die Hände von Verrückten und Verbrechern fallen lassen.

Dies ist die *eine* Lehre, und zu der gehört: den Nachwachsenden nahebringen, daß dies auch sie – über materielle Folgen hinaus – noch angeht. Sie lehnen es zu Recht ab, sich Verantwortung oder gar Schuld vererben zu lassen. Doch es geht nicht mehr um *unser*, es geht um *ihr* Leben. Und nur wer begriffen hat, was damals geschah, wird sich gegen die Lähmung der Vernunft und die Aggression der Dummheit zu schützen wissen. Wird auch die Kraft finden, die Gefahr des Krieges, so es an ihm liegt, immer von Neuem abzuwehren.

Ich bleibe der Meinung, der Bruch mit der bösen Vergangenheit hätte vor vierzig Jahren deutlicher ausfallen sollen. Ich sage ebenso deutlich: Der Idealismus großer Teile der damals jungen Generation ist schrecklich mißbraucht und die Opferbereitschaft hart bedrängter, einfacher Menschen ist nicht hinreichend gewürdigt worden. Sie hätten besser wegkommen müssen, als sie – unter den Bedingungen restaurativer Besatzungsdemokratie – weggekommen sind, im Vergleich etwa zu manchen vermeintlichen Rechtswahrern und anderen Textdeutern, zumal den Propagandisten des Krieges nach außen und im Innern.

Wer – noch immer oder wieder – bei den Zerstörern Europas Anleihen macht, fügt dem eigenen Volk Schaden zu. Aber auf leicht angebräunte Spatzen mit Kanonen zu schießen, das ergibt keinen Sinn. Es wäre verwunderlich – um nicht zu sagen, verdächtig –, wenn sich, wie anderswo in Europa, nicht auch bei uns in der Bundesrepublik gelegentlich Leute zu Wort meldeten, die mit nationalistischen Ladenhütern aufwarten. Konzessionen sollte man ihnen nicht machen. Die eigentliche Antwort auf rückwärtsgewandte Versuchungen, die *andere* große Lehre, heißt jedoch: mit noch größerer Hingabe für Europa arbeiten, ohne damit verstaubte Vorstellungen von deutscher Führung zu verbinden.

Die europäische Einigung bildete ein Kernstück in den Vorstellungen des deutschen Widerstandes, so auch des Kreisauer Kreises; die deutschen Sozialdemokraten hatten die Vereinigten Staaten von Europa schon 1925 in ihr Programm aufgenommen. Seit 1950 haben auf dem Wege zur West-Europäischen Gemeinschaft bedeutende Fortschritte erzielt werden können. Inzwischen ist es Zeit, an Gesamteuropa zu denken. Daß sich diese Aufgabe stellen werde und wir den mittel-, ost- und südeuropäischen Nachbarn nicht den Rücken zuwenden dürften, sagte ich meiner Partei vor 25 Jahren, als sie mich an ihre Spitze berief; wir haben es beim Bemühen um Normalisierung im Ost-West-Bereich nicht vergessen. Ein faszinierender Prozeß der Neugestaltung führt uns nun dem größeren Europa näher. Aber ohne Widersprüche und Rückschläge wird es auch weiterhin nicht abgehen.

Staaten auf Rädern wird die künftige europäische Hausordnung nicht vorsehen. Und keine Vertreibung. Und keine Trennmauer, schon gar nicht zwischen Angehörigen ein und derselben Nation. Auch nicht Regierungen, die von ein paar Dutzend Divisionen abhängiger sind als von der Verständigung mit dem eigenen Volk. Wer das ganze Europa in den Blick faßt, kommt jedenfalls um Deutschland nicht herum.

Mit dem Warschauer Vertrag vom Dezember 1970, wie mit dem vorauf gegangenen Moskauer Vertrag, haben wir die Kette des Unrechts durchbrechen, der Vernunft eine neue Chance geben, menschliche Erleichterungen fördern wollen. Mir war bewußt, daß sich die Siegermächte auf Grenzen verständigt hatten, die über ursprüngliche polnische Forderungen hinausgingen. Mir war zum anderen bekannt, daß ein konservativer Nazigegner wie Carl Goerdeler und ein Sozialdemokrat wie Ernst Reuter vorausgesagt hatten, was Hitlers Krieg für die Ostgrenze bedeuten würde. Und es gibt im übrigen nicht den geringsten Zweifel daran, daß unser erster Bundeskanzler auch hinsichtlich der früheren preußisch-deutschen Ostgebiete keinen Illusionen anhing.

Schon er wußte, daß uns in der weiten Welt keine Regierung in Grenzforderungen unterstützen würde. Und es wäre mehr als peinlich, wenn man bei uns den Eindruck aufkommen ließe, es bedürfe russischer Truppen, um Polens Grenze gegen deutsche Ansprüche zu sichern. Wer im Gegensatz zum Geist des Warschauer Vertrages die Grenzen in Frage stellt, gefährdet den Zusammenhalt der Deutschen, wo sie heute leben.

Leider ist in diesem Sommer der fatale Eindruck entstanden, von London und Paris, sogar von Washington sei der Weg nach Warschau kürzer als der von Bonn. Das polnische Volk und seine Regierung – und das gilt gleichermaßen für Ungarn und für die anderen Länder, in denen die Prozesse der Erneuerung langsamer anlaufen – sollten spüren, daß wir uns ihnen in Solidarität verbunden fühlen. Dabei unterstelle ich nicht, daß die polnische Seite nur Wünsche vorbringt, die leicht zu befriedigen sind. Der Gedanke, die Kommission der Europäischen Gemeinschaft in die Hilfe für Polen einzuschalten, war gut. Von uns wird Zusätzliches erwartet. Wo es nach vorn führt und solide ist, werden wir uns große Mühe geben müssen. Selbsthilfe und europäische Unterstützung müssen wirksam ineinandergreifen, und zwar so, daß nicht neue drückende Abhängigkeiten entstehen.

Ich will offen meinem Empfinden Ausdruck geben, daß eine Zeit zu Ende geht. Eine Zeit, in der es sich in unserem Verhältnis zum anderen deutschen Staat vor allem darum handelte, durch vielerlei kleine Schritte den Zusammenhalt der getrennten Familien und damit der Nation wahren zu helfen. Was jetzt – im Zusammenhang mit dem demokratischen Aufbruch im anderen Teil Europas – auf die Tagesordnung gerät, wird mit neuen Risiken verbunden sein – schon deshalb, weil es ein historisch zu belegendes und höchst vielfältig gefächertes, keineswegs erst durch den Hitler-Krieg belebtes Interesse der europäischen Nachbarn – auch der halbeuropäischen Mächte – daran gibt, was aus Deutschland wird.

Der Wunsch, das Verlangen auch der Deutschen nach Selbstbestimmung wurde in den Westverträgen bestätigt und ist durch die Ostverträge nicht untergegangen. Sie bleiben Pfeiler unserer Politik. In welcher staatlichen Form auch immer dies in Zukunft seinen Niederschlag finden wird, mag offen bleiben. Entscheidend ist, daß heute und morgen die Deutschen in den beiden Staaten ihrer Verantwortung für den Frieden und die europäische Zukunft gerecht werden.

Wir sind nicht die Vormünder der Landsleute in der DDR. Wir haben ihnen nichts vorzuschreiben, dürfen ihnen auch nichts verbauen. Im Bewußtsein unserer Menschen wachzuhalten, daß die Nachbarn im anderen Teil Deutschlands zwar das kürzere Los gezogen, aber den Krieg nicht mehr als wir verloren haben, bleibt ein Gebot der Stunde. Daß eine effektive und unbürokratische Hilfe für bedrängte, in unverschuldete Not geratene Landsleute ein Gebot unserer Selbstachtung bleibt, sollte keiner weiteren Worte bedürfen.

Jede Generation muß von neuem lernen, was Albert Schweitzer die Ehrfurcht vor dem Leben nannte. Die Lebensliebe ist das große Geschenk, das den Überlebenden zuteil wurde. Wir haben sie weiterzugeben – wie die Einsicht, die ich vor vielen Jahren auf die Formel zu bringen versuchte, daß Krieg die ultima irratio, Friede jedoch die ultima ratio der Menschheit sei. Um Lebensliebe und Freiheitswillen zu bitten – das ist die Pflicht, die uns die Erinnerung an den September '39 vermittelt.

Neues Denken – Chancen für Europa und die Welt

Moskau, Lomonossow-Universität, 16. Oktober 1989

Es bereitet mir Freude, mich in dieser Zeit neuer Wegfindungen zu den akademischen Bürgern dieser großen Universität zählen zu dürfen. Meine guten Wünsche werden weiterhin bei Ihnen sein.

Ihr neuer Ehrendoktor möchte sich bei dieser Gelegenheit nicht nur auf Erinnerungen beschränken, so wichtig sie auch sein mögen. Es soll vielmehr von neuen Chancen für Europa und die Welt die Rede sein – Chancen, die sich dann ergeben, wenn Neues Denken nicht allzu starken und zähen Widerständen begegnet. Doch wir wissen: Noch immer gibt es vielerorts in der Welt politische Entscheidungsträger, die sich im Besitz der alleinigen Wahrheit wähnen, während sie in Wirklichkeit Gefangene ihrer Vorurteile und Irrtümer bleiben.

Der erste Repräsentant Ihres Landes hat wesentlichen Anteil daran, daß es leichter geworden ist, den Einfluß solcher Leute zurückzudrängen, die Dogmen huldigen und Unfehlbarkeit beanspruchen – ein Anspruch, der sich in unserer Zeit, zumal unter den heutigen Bedingungen der Telekommunikation, zunehmend grotesk ausnimmt. Es ist wichtig, daß Neues Denken bei Ihnen in der Sowjetunion weiterhin großgeschrieben wird. Es ist nicht minder wichtig, daß es sich an möglichst vielen Punkten mit dem berührt, was uns in anderen Teilen Europas und der Welt – neu oder wiederbelebt – gedanklich bewegt.

1.

Leichtgläubige meinen, das Thema Frieden habe sich erledigt; es könne abgehakt werden. Zu kurz Denkende befürchten sogar, sie sollten mit etwas Gestrigem abgespeist werden. Dem ist aber nicht so. Die Gefahr einer nuklearen Konfrontation wurde wesentlich gemindert, doch sie ist noch nicht gebannt.

Noch in den frühen achtziger Jahren schien durch zügellosen Rüstungswettlauf in Frage gestellt zu werden, was Mitte der siebziger Jahre durch die gesamteuropäische Akte von Helsinki auf den Weg gebracht worden war. Es verdient festgehalten zu werden, daß nicht viel mehr als ein halbes Jahrzehnt vergangen ist, seit der Kalte Krieg zurückzukehren und erneut eine gefährliche Wendung zu nehmen schien. Spät, aber noch rechtzeitig erkannten die politisch Spitzenverantwortlichen den Denkfehler einer eng-militärischen Logik: daß immer mehr und bessere Waffen nicht zugleich mehr Sicherheit schaffen; daß im Gegenteil die hypermodernen, zumal nuklear bestückten Lenkwaffensysteme unkalkulierbare Sicherheitsrisiken erzeugen. Nicht allein durch Absicht – den bewußten Druck auf den Knopf – könnte ein fürchterlicher Krieg entstehen, sondern auch durch Fehler von Computern und Fehler von Menschen. Und dies im Falle ganzer Gruppen von Raketen bei ganz kurzen Vorwarnzeiten. Die Vorstellung, daß am Ende eines steuerlosen Eskalationsprozesses die Horrorvisionen eines atomaren Winters Wirklichkeit werden könnten – diese beängstigende Vorstellung hat bekanntlich Millionen Menschen zum Protest gegen gedankliche Trägheit getrieben, aber auch vielen Wissenschaftlern tiefe Gewissensnot beschert.

Vor zwei Jahren wurde durch das Treffen in Reykjavik ein wichtiges Signal gesetzt. Ihm ist Anderes gefolgt. Das Mittelstrekken-Abkommen zwischen den beiden nuklearen Weltmächten war ein Meilenstein auf dem Weg der Abrüstung. Der Abbau und die kontrollierte Vernichtung der Mittelstreckenraketen hatten besondere Bedeutung für die Deutschen, und sie haben es in besonderem Maße als erleichternd empfunden, daß nicht in einem Randbereich, sondern bei den für Europa bis dato gefahrvollsten Lenkwaffensystemen mit einem radikalen Einschnitt begonnen wurde.

Nun warten wir auf die Ergebnisse der Verhandlungen in Wien und in Genf, und hoffentlich werden unsere Erwartungen nicht enttäuscht. In welchem Tempo seit dem Dezember 1987 Neues Denken Platz griff, ist dabei schon beeindruckend. Selbst altgediente Falken – durchaus noch nicht flügellahm – scheinen dazugelernt zu haben. Auch sie scheinen zu begreifen, daß im Nuklearzeitalter der potentielle Gegner zugleich der unentbehrliche Partner der eigenen Sicherheit ist – und folglich Frieden nurmehr durch *gemeinsame* Sicherheit bewahrt werden kann. Weil das so ist, muß notgedrungen das engstirnige Denken in Feindbildern überwunden werden.

Was könnte dazu besser beitragen als der Dialog und der direkte Augenschein? Manöverbeobachtung, ein Blick in die gegnerische „Waffenkammer", an dem sich mittlerweile sogar Generäle und Verteidigungsminister beteiligen, und die freie Rede zu aufmerksamen Zuhörern in Militärakademien der jeweils anderen Seite. Dieser reale Fortschritt der letzten Jahre durch neuartige Bildungsreisen trägt ganz gewiß zur Vertrauensbildung bei. Dank Öffnung und Offenheit wird – hier wie in anderen Zusammenhängen – weniger auf Zeit gespielt, sondern deutlicher auf vorzeigbare Ergebnisse hingearbeitet. Wenn recht bald in Genf eine Halbierung der strategischen Waffen erreicht wird, könnte zumindest ein beträchtlicher Teil sinnloser Überrüstung verschwinden. Aber es bleiben, wie wir alle wissen, dann immer noch mehr als genug interkontinentale Zerstörungsmaschinen verfügbar – auch aus der Sicht derer, die auf Abschreckung setzen, weit mehr als genug.

Aus den früher so langweiligen Wiener Verhandlungen dürften in absehbarer Zeit konkrete Ergebnisse vorliegen. Nach Vorleistungen der Sowjetunion und ihrer Verbündeten, und seitdem Überlegenheiten im konventionellen Bereich offen eingestanden wurden, kann endlich konkret für Europa über Sicherheit auf niedrigerem Niveau einschließlich des Abbaus von Asymmetrien verhandelt werden. Gewiß wird in Wien das Tempo nicht allein von den Führungsmächten der beiden Bündnissysteme bestimmt. Die Hauptakteure haben zur Kenntnis nehmen müssen, daß die Nebenrollen stärker besetzt sind als in vergangenen Zeiten. Auch die neutralen bzw. bündnisfreien Staaten Europas sind an der Ausgestaltung einer Friedens- und Sicherheitsordnung beteiligt. Deren Vorschläge zur Verifikation waren für alle Beteiligten ein wesentlicher Beitrag zu organisierter, weil überprüfbarer Friedfertigkeit. Trotzdem bleibt vieles offen: Ich denke dabei nicht zuletzt an die Atomwaffen kürzerer Reichweite. An die Frage sogenannter Kompensation, die ein Todfeind der Abrüstung ist. An das Problem der sogenannten Modernisierung, das Verhandlungserfolge torpedieren kann. Wenn sich Washington und Moskau darüber verständigten, die chemischen Waffen weltweit zu verbannen, würden nicht zuletzt die Europäer Grund haben, froh darüber zu sein.

Es wird sich dann auch die Frage stellen, wie die Europäische Friedensordnung institutionell auszugestalten und zu verankern ist. Im ganzen bin ich recht zuversichtlich, daß das allgemeine Nachdenken über gemeinsame Sicherheit tragfähige Ergebnisse zeitigen wird. Wer erst einmal begriffen hat, daß er auf einem Pulverfaß sitzt, spielt – so bei Verstand – nicht mehr mit dem Feuer.

2.

Eine aufs Militärische konzentrierte Wachstumslogik hat in die Sackgasse geführt, auch deshalb, weil die Grenzen der wirtschaftlichen und sozialen Belastbarkeiten verkannt oder vernachlässigt wurden. Wer da meinte, der militärisch-industrielle Komplex wäre der Motor der Wirtschaftsentwicklung, hat sich mächtig geirrt: Nirgendwo stehen die finanziellen Kosten in einem weniger vernünftigen Verhältnis zum gesellschaftlichen Nutzen.

Auch in dieser Hinsicht hat Neues Denken Klarheit geschaffen. Daß in der UdSSR gravierende wirtschaftliche und soziale Mängel allzulange übertüncht wurden, entnehme ich den Dokumenten der lebhaften Beratungen des Obersten Sowjets. Vieles könnte gewiß im Sinne einer wirtschaftlich-sozialen Erneuerung zum Besseren gewendet werden, wenn geistige und materielle Ressourcen, die im militärischen Bereich gebunden sind, so schnell wie möglich auf andere Sektoren gelenkt werden könnten. Es ist bekannt, daß sich, bei allen Unterschieden, ein ähnliches Problem für die USA stellt. Nachdenkliche Leute, auch solche mit einigem Einfluß, möchten auch dort den Rotstift an den Militär-Etat ansetzen, um das übergroße Budget-Defizit zu senken.

Inzwischen sind in beiden Hauptteilen Europas weiterreichende Veränderungen in Gang. Im Westen eine qualitative Vertiefung der bisherigen Gemeinschaft, im sogenannten Osteuropa ein lebhafter und gewiß nicht widerspruchsfreier Prozeß von Reformen. Aber überall erkennt man das Streben nach einem Zusammenrücken Europas über die bisherigen Trennungslinien hinaus.

Ich denke, daß wir einer Art europäischer Sicherheitsbehörde bedürften – weshalb eigentlich nicht in Berlin, wo die Konfrontation besondere Zuspitzung und einen besonders häßlichen Niederschlag erfuhr? –, bei der alle Berichte über Informationsvisiten und Satellitenüberwachung zusammenlaufen und alltägliche Arbeitskontakte einer guten Nachbarschaft zugute kommen könnten. Das wäre Sicherheit und Vertrauen, wenn auch daraus noch nicht gleich ein Gemeinsames Haus wird. Dazu bedarf es viel engerer Zusammenarbeit in Wirtschaft und Kultur, Technik und Ökologie. Was den letztgenannten Bereich angeht: Eine gesamteuropäische Organisation zum Schutz der natürlichen Umwelt gehört auf die Tagesordnung – nicht längerfristig, sondern für den frühen Teil der neunziger Jahre. Ich habe nichts gegen das Bild vom Gemeinsamen Haus. Doch die inhaltlichen Zielbestimmungen der Friedensordnung, guter Nachbarschaft und produktiver Zusammenarbeit erscheinen mir vordringlich.

Wenn sich die (West-)Europäische Gemeinschaft Ende 1992 weitgehend vervollkommnet haben wird, werden mehrere Probleme der Erweiterung anstehen: vordringlich im Verhältnis zu jenen europäischen Staaten, die zur EFTA gehören. Auch eine bessere Assoziierung der südlichen Anrainer des Mittelmeeres. Vor allem aber zukunftsweisende Formen der Zusammenarbeit mit den mittel- und osteuropäischen Staaten, die zum RGW gehören. Es ist gut, daß man damit nicht auf der grünen Wiese zu beginnen braucht, sondern an vielfache Vorarbeit anknüpfen kann.

Abwarten wird für Westeuropa nicht in Betracht kommen. Vielmehr sollten die Länder der Europäischen Gemeinschaft durch vielfältige Kooperationsangebote dazu beitragen, daß die Reformbewegungen im östlichen Teil unseres Kontinents aufgeschlossene und solide Partnerschaft erfahren. Über Mittel und Wege dieser neuen Phase der Zusammenarbeit wird vielerorts bilateral, aber mittlerweile auch zwischen der EG und dem RGW gesprochen. In einigen Fällen wird ja auch schon etwas getan.

Daß es um mehr geht als um Wirtschaftskooperation alten Stils, liegt auf der Hand. Daß Neues Denken die Wirtschaftsbeziehungen voranbringt, hätten mir im übrigen nicht erst Experten zu bestätigen brauchen, doch sie haben es.

Die technologische Dimension der Zusammenarbeit betone ich deshalb, weil durch die Mikroelektronik Produktions- und Organisationsabläufe so nachhaltig verändert werden. Wer international Anschluß gewinnen will, sollte gerade insoweit jede sich bietende Gelegenheit zur Kooperation nutzen. Daß dies notwendig ist, haben auch viele westeuropäische Unternehmen erst recht spät erkannt. Ich füge hinzu, daß die sozialen Folgen dieser Veränderungen auch bei uns im Westen eine bislang nicht bewältigte Herausforderung sind. Aber ein Zurück gibt es ebensowenig wie die simple Übernahme z. B. japanischer Modelle. Europäische Gesellschaften haben die ihnen gemäße Form des Umgangs mit modernen Technologien zu finden.

Das kann meines Erachtens nur heißen, gemeinschaftlich nach Lösungen zu suchen. Im dichtbesiedelten Europa haben wir keine andere Wahl, als im wirtschaftlichen und technologischen Bereich aufs engste zusammenzuarbeiten. Denn die Europäer auf beiden Seiten leben nicht allein wegen der militärischen Zerstörungspotentiale in einer Risikogemeinschaft. Spätestens seit der

Reaktorkatastrophe in Tschernobyl wissen wir auch um die grenzüberschreitenden Gefahren von Großtechnologien. Und wenn wir an den Zustand der Wälder denken, die diesseits und jenseits von „Systemgrenzen" absterben, wenn wir an die Verschmutzung der Ostsee denken, an allseits gängige Energieverschwendung und Konsumabfälle, dann dürfte wohl klar sein, daß für uns alle die Notwendigkeit zum ökologischen Umbau der Industriegesellschaften besteht.

Auch in anderer Hinsicht leben wir in einer Risikogemeinschaft. Wenn es nämlich nicht gelingt, auf absehbare Zeit die Wohlstandsniveaus stärker anzugleichen, und wenn nicht überall in Europa dem Anspruch der Bürger auf Teilhabe und Mitsprache Rechnung getragen wird, dann – so ist zu befürchten – werden wir Wanderungswellen erleben, die alles in den Schatten stellen, was wir schon erfahren mußten. Neues Denken und neues Handeln sollten dies zu verhindern wissen; dabei möchte ich vom Prinzip her niemandem die Lernfähigkeit absprechen.

Ich bin nicht hierhergekommen, um mich über die deutschen Fragen auszuweinen. Auch bin ich davon überzeugt, daß es eine vernünftige Antwort auf diese Fragen losgelöst von den europäischen Entwicklungen nicht gibt. Die große Mehrheit meiner Landsleute im Westen weiß, daß sie in die Europäische Gemeinschaft eingebettet und in ihr gut aufgehoben sind. Auf die beiden Teile Deutschlands bezogen: Meine Landsleute, in ihrer erdrückenden Mehrheit, wollen nichts, was die Verwirklichung der Europäischen Friedensordnung gefährden könnte. Aber sie meinen auch, daß sich das Recht auf die Selbstbestimmung mündiger Bürger und auf nationalen Zusammenhalt hiermit vereinbaren lassen können muß. Dies mache ich mir ausdrücklich zu eigen.

3.

So wenig abgestandener Nationalismus in die Landschaft paßt, so wenig auch eurozentrische Nabelschau. Dies sage ich bei passender Gelegenheit all jenen, die die EG zum „Bollwerk" ausbauen möchten, oder auch jenen, die sich vor einer „Festung Europa" fürchten. Beides liegt neben der Wirklichkeit. Autarkie ist ein Irrweg, und Abschottung ist in einer zunehmend interdependenten Welt das Projekt von Ewiggestrigen. Wer glaubt, die Bindungen Westeuropas zu den USA könnten gekappt werden, verkennt die wechselseitigen Abhängigkeiten. Und – ob es gefällt oder nicht – mittlerweile bestehen für uns in unserem Teil Europas auch mit Japan vielfältige wirtschaftliche, finanzielle und technologische Verflechtungen. Andere, gewichtige Verbindungen mit weiteren Teilen der Welt kommen hinzu, nicht nur für uns im Westen.

Allerdings entstand in den achtziger Jahren der fatale Eindruck, wir – die besser gestellte Minderheit von Menschen in den Industrieländern – wollten uns gegen die Mehrheit der Menschheit im Süden abschotten. Und zwar nicht nur durch stetig neue Handelsbarrieren, sondern vor allem durch Ignoranz gegenüber den dortigen Überlebensproblemen und durch Verdrängung der vitalen Zusammenhänge zwischen Frieden und Entwicklung.

Gänzlich fixiert auf den Ost-West-Konflikt und kurzfristige Eigeninteressen, haben die politisch Verantwortlichen die Nord-Süd-Problematik als zweitrangig abgetan und – jedenfalls bei uns im Westen – allzulange den Technokraten und Bankern überlassen. Deren Krisenmanagement hat aber kaum Probleme gelöst, sondern lediglich vor sich hergeschoben, so daß die Verschuldung in astronomische Höhen stieg. Daß auch der „Osten des Nordens" nicht auf der Höhe der Aufgaben war, darf ich einmal ohne weiteren Nachweis unterstellen.

Die Überschuldung führte zwangsläufig zu Entwicklungsblockaden. Gänzlich überzogene Militärausgaben haben in nicht unwesentlichem Maße zur Verschuldung beigetragen. Keine Frage: Zwischen Rüstung und Hunger besteht ein korrespondierender Zusammenhang.

Dank Neuen Denkens wurde erkannt, wie schädlich der Export des Ost-West-Konflikts für Entwicklungsländer, aber auch für eigene Sicherheitsinteressen war. Befriedung durch garantierten Waffenstillstand (und mehr) schuf bereits in mehreren Krisenregionen die Voraussetzung zur Wiedererlangung der Entwicklungsfähigkeit. Ermutigend ist zudem, daß dabei die Weltorganisation der UN durch Vermittlungserfolge zu Frieden und Entwicklung wichtige Beiträge leisten konnte.

Angesichts der beunruhigenden Anhäufung von Kriegsgerät – einschließlich Chemiewaffen und modernsten Raketen – sollten Vereinbarungen über die Einstellung von Waffenlieferungen in Krisenregionen ein nächster Schritt sein. Der Europarat in Straßburg hat erst kürzlich dafür plädiert, weniger Waffen in die Dritte Welt zu exportieren und dazu beizutragen, daß die Überrüstung in Entwicklungsländern zugunsten von zivilen Investitionen abgebaut wird. Gewiß gehört dazu, daß am Ende dieses Weges Militärstützpunkte in Ländern der Dritten Welt aufgelöst sein werden.

Neues Denken hat noch in anderer Hinsicht – und zwar fast explosiv – einen Bewußtseinswandel bewirkt. Nicht nur gefährliche „Überentwicklungen" in den Industriestaaten vergiften das Weltklima, sondern auch durch Unterentwicklung wird die globale Umweltzerstörung beschleunigt. Dieses Weltproblem läßt sich nicht allein dadurch lösen, daß die Industriestaaten ihre hausgemachten Umweltrisiken abbauen. Wer weiß, daß in der Dritten Welt schiere Not Abermillionen Menschen zum Raubbau an der Natur zwingt; wer weiß, daß die Wüsten voranschreiten und die tropischen Regenwälder radikal abgeholzt werden, der kann sich seiner globalen Mitverantwortung nicht entziehen, sondern muß im Interesse der gesamten Menschheit dazu beitragen, daß auch im Süden der Erde ökologisch verträgliche Entwicklung möglich wird. Die großzügige Vermittlung von Umwelttechnologien könnte hierzu einen wichtigen Beitrag leisten.

Erst die globalen Umweltgefahren und besonders das Ozonloch haben vielen begreiflich gemacht, daß die Erde eine Einheit ist. Und diese neuen Einsichten bewirken Verhaltensänderungen – auch in der sogenannten „großen" Politik. Die Umweltproblematik wird zunehmend als Gemeinschaftsaufgabe begriffen, und eine Reihe von Regierungen gibt sich, was zu begrüßen ist, mit Bekenntnissen nicht mehr zufrieden. Der Vorschlag Ihres Außenministers, weltweite Umweltprogramme durch Einsparungen bei Militärausgaben zu finanzieren, verdient breite Unterstützung. Wir müssen nur wissen, daß man nicht in der Lage sein wird, national oder international über die erstrebten Einsparungen mehrfach zu verfügen. Und ich füge hinzu: Bei nicht wenigen Verantwortlichen im Süden wächst die Sorge, daß die wachsende Ost-West-Transferbereitschaft ihnen dringend benötigte Finanzmittel vorenthalten könnte.

4.

Ganz oben auf der Tagesordnung der neunziger Jahre wird die Frage stehen, welche Kompetenzen – bei angemessener Legitimation und Kontrolle – bestehenden, umzubildenden oder neuzuschaffenden internationalen und regionalen Organen (und Institutionen) übertragen werden sollen. Das deutet sich an in Bereichen der Umwelt- und Entwicklungspolitik sowie der Rüstungskontrolle, wird aber über kurz oder lang auch notwendig für Kernbereiche der Wirtschafts- und Finanzpolitik, auch des Rechts- und Sozialwesens. Wäre es nicht an der Zeit, das regionale und internationale Institutionengeflecht eingehend auf seine Handlungsfähigkeit hin zu durchleuchten? Es ist ein, wie die Angelsachsen sagen, „institutional setting", das vor mehr als vier Jahrzehnten, nach den Schrecken des Zweiten Weltkrieges, einen großen Schritt nach vorn bedeutete, aber seit langem nicht mehr ausreicht, und mit dem wir nunmehr – unter weitgehend veränderten Bedingungen – nur zu oft auf der Stelle treten.

Ich bin dafür, sachlich zu prüfen, was sich bewährt hat und verstärkt werden muß; was auf der anderen Seite überflüssig geworden ist, selbst wenn es den betroffenen Bürokraten verständlicherweise schwerfällt, dies einzuräumen; weiterhin, wo neue Aufgaben anzupacken sind; und wo sich schließlich das regionale Prinzip verstärken läßt, denn es muß verstärkt werden, um internationale Organisationen effektiver werden zu lassen, nicht zuletzt, um auf freiwillige Souveränitätsbegrenzung hinzuwirken, die zugunsten übergeordneter Kontrollerfordernisse geboten sind. Für mich gibt es keinen Zweifel daran, daß die hierin angelegten Spannungen leichter auszuhalten sind, wenn demokratische Kontrolle auf allen Ebenen ernstgenommen wird.

Ich nehme an, auch ein Sozialdemokrat darf gelegentlich Karl Marx zitieren. Er schrieb: „Selbst eine ganze Gesellschaft, eine Nation, ja alle gleichzeitigen Gesellschaften zusammengenommen, sind nicht Eigentümer der Erde. Sie sind nur ihre Besitzer, ihre Nutznießer, und haben sie als boni patres familiae den nachfolgenden Generationen verbessert zu hinterlassen." Ich meine, diese Verantwortung sollte in der politischen Arbeit wie im wissenschaftlichen Dienst an der Gesellschaft immer wieder zu Neuem Denken ermutigen.

Ich meine auch, daß die Erfahrungen und die neuen Einsichten der europäischen und internationalen Sozialdemokratie einiges beizutragen vermögen, um zentrale Fragen der Menschen unserer Zeit gut beantworten zu helfen. Nicht als Missionare einer reinen Lehre, wohl aber als beharrliche Künder und Wegbereiter von Freiheit, Gerechtigkeit, Solidarität. Einiges davon hat sich, wie mancher hier bemerkt haben wird, auch in unseren Beiträgen zur europäischen und internationalen Politik niedergeschlagen. Im übrigen ist gerade dies eine Zeit nicht für Rechthaberei, sondern für eine solche Art Neuen Denkens, das den Menschen und unseren Völkern voranhilft in eine Zukunft, in der sie weder zu hungern noch sich zu fürchten brauchen. Ich schlage vor, daß wir uns vornehmen, dabei einander nach Kräften zu helfen.

... UND BERLIN WIRD LEBEN

Berlin, John-F.-Kennedy-Platz, 10. November 1989

Dies ist ein schöner Tag nach einem langen Weg. Doch wir befinden uns erst an einer Zwischenstation. Wir sind noch nicht am Ende des Weges angelangt. Es liegt noch eine Menge vor uns.

Die Zusammengehörigkeit der Berliner und der Deutschen überhaupt manifestiert sich auf eine bewegende, auf eine uns aufwühlende Weise, am bewegendsten dort, wo getrennte Familien endlich wieder ganz unverhofft und tränenvoll zusammenfinden. Mich hat auch das Bild angerührt von dem Polizisten auf unserer Seite, der rübergeht zu seinem Kollegen und sagt: „Jetzt haben wir uns so viele Wochen, vielleicht Monate auf Abstand gesehen, ich möchte Ihnen einmal die Hand geben." Das ist die richtige Art, sich dem jetzt Anstehenden zu nähern: einander die Hand zu reichen, nachtragend nur dort zu sein, wo es unbedingt sein muß. Und, wo immer es geht, Bitterkeit zu überwinden. Das habe ich auch heute mittag am Brandenburger Tor gespürt.

Als Bürgermeister der schwierigen Jahre von 1957 bis 1966, also auch der Zeit des Mauerbaus, und als einer, der in der Bundesrepublik und für sie einiges zu tun hatte mit dem Abbau von Spannungen in Europa und mit dem Ringen um das jeweils erreichbare Maß an sachlichen Verbindungen und menschlichen Kontakten: Mein ganz herzlicher Gruß gilt den Berlinerinnen und Berlinern in allen Teilen der Stadt und gleichermaßen den Landsleuten überall in Deutschland.

Es wird jetzt viel davon abhängen, ob wir uns – wir Deutsche, hüben und drüben – der geschichtlichen Situation gewachsen erweisen. Das Zusammenrücken der Deutschen, darum geht es. Das Zusammenrücken der Deutschen verwirklicht sich anders, als es die meisten erwartet haben. Und keiner sollte jetzt so tun, als wüßte er ganz genau, in welcher konkreten Form die Menschen in den beiden Staaten in ein neues Verhältnis zueinander geraten werden. Daß sie in ein anderes Verhältnis zueinander geraten, daß sie in Freiheit zusammenfinden und sich entfalten können, darauf kommt es an.

Und sicher ist, daß nichts im anderen Teil Deutschlands wieder so werden wird wie es war. Die Winde der Veränderung, die seit einiger Zeit über Europa ziehen, haben an Deutschland nicht vorbeiziehen können. Meine Überzeugung war es immer, daß die betonierte Teilung und daß die Teilung durch Stacheldraht und Todesstreifen gegen den Strom der Geschichte standen. Und ich habe es noch in diesem Sommer erneut zu Papier gebracht: Berlin wird leben, und die Mauer wird fallen. Übrigens, ein Stück von jenem scheußlichen Bauwerk, ein Stück davon können wir dann von mir aus sogar als Erinnerung an ein geschichtliches Monstrum stehen lassen. So wie wir seinerzeit nach heftigen Diskussionen in unserer Stadt uns bewußt dafür entschieden haben, die Ruine der Gedächtniskirche stehen zu lassen.

Denen, die heute noch so schön jung sind, und denen, die nachwachsen, kann es nicht immer leichtfallen, sich die historischen Zusammenhänge, in die wir eingebettet sind, klarzumachen. Deshalb sage ich nicht nur, daß wir bis zum Ende der Spaltung – zornig, aber auch im Gefühl der Ohnmacht habe ich im August '61 dagegen angeredet – noch einiges vor uns haben, sondern ich erinnere uns auch daran, daß das alles nicht erst am 13. August 1961 begonnen hat. Das deutsche Elend begann mit dem terroristischen Nazi-Regime und dem von ihm entfesselten Krieg. Jenem schrecklichen Krieg, der Berlin wie so viele andere deutsche und nichtdeutsche Städte in Trümmerwüsten verwandelte. Aus dem Krieg und aus der Veruneinigung der Siegermächte erwuchs die Spaltung Europas, Deutschlands und Berlins. Jetzt wächst zusammen, was zusammengehört. Jetzt erleben wir, und ich bin dem Herrgott dankbar dafür, daß ich dies miterleben darf: die Teile Europas wachsen zusammen.

Ich bin sicher, daß der Präsident der Vereinigten Staaten und der erste Mann der Sowjetunion dies, was im Gange ist bei uns, zu würdigen wissen werden, wenn sie einander demnächst auf einem Schiff im Mittelmeer begegnen. Und ich bin sicher, daß unsere französischen und unsere britischen Freunde – neben den Amerikanern die bewährten Schutzmächte in schwierigen Jahren – mit uns den Prozeß der Veränderung, des neuen Aufbruchs als wichtig einzuordnen wissen. Ich weiß, daß unsere Nachbarn im europäischen Osten verstehen, was uns bewegt, und daß es sich einfügt in das Neue Denken und Handeln, das die Zentral- und Osteuropäer selbst in Anspruch nimmt. Die Sicherheit, die wir unseren Nachbarn und auch den großen Mächten dieser Welt bieten können, ist die, daß wir keine Lösung unserer Probleme anstreben, die sich nicht einfügt in unsere Pflichten gegenüber dem Frieden und gegenüber Europa. Uns leitet die gemeinsame Überzeugung, daß die Europäische Gemeinschaft weiterentwickelt und die Zerstückelung unseres Kontinents schrittweise, aber definitiv überwunden werden muß.

Damals, im August '61, haben wir nicht nur im berechtigten Zorn gefordert: Die Mauer muß weg. Wir haben uns auch sagen müssen: Berlin muß trotz der Mauer weiterleben. Wir haben die Stadt – mit Hilfe des Bundes, was wir auch nicht vergessen wollen – wieder aufgebaut. Andere, die nach uns kamen, haben dem Wiederaufbau wichtiges hinzugefügt. Aber hier in Berlin war uns zusätzlich zu allen innerstädtischen Aufgaben, zum Wohnungsbau, zum kulturellen und wirtschaftlichen Neuaufbau, aufgetragen, den Weg nach Deutschland offenzuhalten. Wir haben intensiv darüber nachgedacht, wie wir, auch als es schier hoffnungslos aussah, den besonders brutalen Auswirkungen der Trennung doch entgegenwirken könnten. Wie der Spaltung zum Trotz deutscher und europäischer Zusammenhalt bewahrt und gepflegt werden könnte. Natürlich gab es nicht immer gleich Übereinstimmung darüber, wie das am besten zu erreichen sei.

Mir hat sich das Datum des 18. Dezember 1963 besonders eingeprägt. Nicht nur, weil ich Geburtstag hatte, sondern weil das der Tag war, an dem aufgrund der Passierscheine – mehr konnten wir damals nicht erreichen – Hunderttausende drüben waren, nicht nur bei den Verwandten in Ost-Berlin, sondern auch mit denen, die aus „der Zone" kamen. Das war alles unzulänglich, und es blieb schrecklich brüchig. Aber wir haben uns nicht davon abbringen lassen, auch jeden möglichen kleinen Schritt zu tun, um den Kontakt zwischen den Menschen zu fördern und den Zusammenhalt der Nation nicht absterben zu lassen.

Es hat dann noch fast ein Jahrzehnt gedauert, bis durch einen Verkehrsvertrag und einen Grundlagenvertrag die damals möglichen Veränderungen erreicht werden konnten. Eine Vielzahl von Abkommen und Absprachen hat sich dem hinzugefügt. Es bleibt richtig, auch aus nationalen Gründen, daß wir einen Leerraum nicht entstehen lassen durften.

Richtig war es auch, die Außenbedingungen für das geteilte Deutschland und die Menschen in ihm zu entlasten und zu verbessern, wo immer sich Gelegenheit hierzu bot. Das war der Inhalt unserer Vertragspolitik. Das war der Inhalt unseres Hinwirkens auf die gesamteuropäische Konferenz in Helsinki, schwierig beginnend, aber verpflichtet auf die Menschenrechte, auf Zusammenarbeit, auch auf Abbau von Überrüstungen in Europa. Und dieses sich langsam Hinbewegen auf Stabilität, auf Abbau statt weiteren Aufbau von Rüstungen, macht sich nun bezahlt. Dies ist im Gange, dies hat wesentlich dazu beigetragen, daß wir es heute mit verbesserten Rahmenbedingungen zu tun haben. Und ich füge hinzu: Wenn ich meine Landsleute im anderen Teil Deutschlands gut verstehe, dann stimmen sie mit mir, und ich denke mit uns allen, hier überein. Keiner wünscht Schwierigkeiten mit den sowjetischen Truppen, die sich noch auf deutschem Boden befinden. Die bleiben auch nicht immer da. An der militärischen Präsenz wird sich etwas ändern. Wir wollen friedliche Lösungen gerade auch im Verhältnis zur Großmacht im Osten.

Ich möchte noch sagen: Zusätzlich dazu, daß es einen Hoffnungsträger auch in der Sowjetunion gibt, und daß es Demokratiebewegungen in Polen und Ungarn gibt – anderswo werden sie folgen –, ist ein neuer Faktor von eigener Qualität hinzugetreten. Und zwar dadurch, daß unsere Landsleute in der DDR und in Ost-Berlin ihre Geschicke selbst, unüberhörbar für alle Welt, in ihre Hände übernommen haben. Das Volk selbst hat gesprochen, hat Veränderungen gefordert, nicht zuletzt das Recht auf wahrhaftige Information und auf freie Bewegung und auf Freiheit des organisatorischen Zusammenschlusses. Ich denke, daß die Volksbewegung im anderen Teil Deutschlands ihre Erfüllung nur in wirklich freien Wahlen finden kann. Und ich meine auch, daß es eine lohnende Aufgabe sein kann, am Werk der Erneuerung an Ort und Stelle mitzuwirken und sie nicht denen zu überlassen, die übrig bleiben.

Noch einmal: Nichts wird wieder so, wie es einmal war. Dazu gehört, daß auch wir im Westen nicht an mehr oder weniger schönen Parolen von gestern gemessen werden, sondern an dem, was wir heute und morgen zu tun, zu leisten bereit und in der Lage sind, geistig und materiell. Ich hoffe, die Schubladen sind nicht leer, was das Geistige angeht. Ich hoffe auch, die Kassen geben noch was her. Und ich hoffe, die Terminkalender lassen Raum für das, was jetzt sein muß. Die Bereitschaft nicht zum erhobenen Zeigefinger, sondern zur Solidarität, zum Ausgleich, zum neuen Beginn, wird auf die Probe gestellt. Es gilt jetzt, neu zusammenzurücken. Den Kopf klar zu behalten und so gut wie möglich das zu tun, was unseren deutschen Interessen ebenso entspricht wie unserer Pflicht gegenüber Europa.

Die Einheit wächst von den Menschen her

Bonn, Deutscher Bundestag, 16. November 1989

Dies sind in der Tat bewegende Tage. Sie handeln ja auch von dem tiefgreifendsten Umbruch, den unser Teil der Welt seit dem Ende des Zweiten Weltkrieges erfährt. Verwunderlich wäre es gewesen, hätten die Winde der Veränderung um Deutschland einen Bogen gemacht.

Die Deutschen in der DDR, ermutigt durch Gorbatschows Vorhaben der Perestroika – bei weitem noch nicht gesichert, wie wir alle wissen sollten –, ermutigt nicht nur durch die demokratischen Prozesse in Polen und Ungarn, auch herausgefordert durch die schlimmen Übergriffe von Sicherheitskräften gegen junge Menschen Anfang Oktober, gegen jugendliche Demonstranten, vor allem in Ost-Berlin, zusätzlich beeinflußt durch den Massenexodus wiederum überwiegend junger Menschen, haben auf machtvollen Kundgebungen, durch Demonstrationen und mit dem Ruf „Wir sind das Volk!" auf ihr Recht gepocht.

Sie setzten in wenigen Wochen durch, daß eine wohl noch nicht befriedigende, aber eine neue Informationspolitik eingeführt wurde, daß dem bisher verweigerten Recht auf Besuche und Reisen Rechnung getragen wird. Die politische Führung wurde umbesetzt. Und Mitglieder der Einheitspartei erzwangen, daß durch einen Parteitag noch in diesem Jahr sich andeutende weitere wichtige Veränderungen auf den Weg gebracht werden, was jenen Teil des politischen Spektrums angeht.

Wichtiger noch: Man kann schon heute bei einer vernünftigen Zwischenbilanz feststellen: Der Führungsanspruch der einen Partei läßt sich nicht mehr aufrechterhalten. Daraus folgt logisch, daß Artikel 1 der Verfassung der DDR vor Wahlen gestrichen werden muß. Politischer Pluralismus bricht sich Bahn. Freie Wahlen werden im nächsten Jahr in der DDR auf der Tagesordnung stehen.

Jemandem, der ein Jahrzehnt lang Verantwortung in Berlin getragen hat, in nicht immer ganz einfachen Situationen, geht das besonders nahe, was sich in der alten deutschen Hauptstadt abspielt. Ich gebe offen zu: Ich habe meiner Tränen kaum Herr werden können. Aber dann so viel Fröhlichkeit, so wenig Verkrampftheit, so wenig Aggression – das läßt hoffen.

Die Pfiffe vor dem Rathaus am letzten Freitag – ich habe früher übrigens auch schon welche hören müssen – habe ich nicht gern gehört; ich habe sie wirklich nicht gern gehört. Doch Pöbel war das nicht, wie ich hier und da gelesen habe. Es waren sehr viele Landsleute aus dem anderen Teil der Stadt dabei. Ich frage uns miteinander über diesen konkreten Anlaß hinaus, ob unsere politische Sprache der veränderten Gemütslage der Nation hinreichend gerecht wird, ob man zumal mit überzogener Selbstsicherheit dem gerecht wird, was neu auf uns zukommt. Denn wir müssen uns alle miteinander sagen, daß Überheblichkeit ebensowenig angebracht ist wie die Attitüde der beleidigten Leberwurst.

Gescheitert, Herr Bundeskanzler, sind übrigens in meinem Verständnis und dem Verständnis vieler meiner Freunde im bisherigen östlichen Machtblock nicht die Vision, nicht die Grundwerte einer freiheitlichen Sozialdemokratie, sondern das kommunistische Herrschaftssystem und dessen Entsprechung in Form bürokratischer Mißwirtschaft. Stalin noch nachträglich einen Sozialisten nennen zu wollen wäre ähnlich absurd, wie aus Hitler einen verirrten deutschen Freiheitskämpfer zu machen.

Doch vielerorts zeichnet sich auch im anderen Teil Deutschlands eine Renaissance freiheitlicher Sozialdemokratie ab. Ich habe das besonders deutlich am Freitagabend gespürt, als ich mit meinem Parteivorsitzenden im anderen Teil Berlins mit den Freunden von der Sozialdemokratischen Partei in der Deutschen Demokratischen Republik beisammen war.

Ich war und bleibe der Meinung, daß Europa nicht Einförmigkeit und nicht Einfarbigkeit braucht, nein, in Europa – das gilt heute für die Europäische Gemeinschaft, und es muß morgen für das größere Europa gelten – muß Platz sein für alle relevanten Strömungen der europäischen Demokratie, für linke und rechte, liberale und konservative, christliche und soziale Demokraten.

Über den Tag hinaus handelt der Prozeß, den wir erleben – geschichtlich wird es einmal so gewertet werden –, vom Zusammenwachsen der Teile Europas, nicht von heute auf morgen, aber wohl zu einem wesentlichen Teil noch in dem Jahrzehnt, das vor uns liegt. Falsch wäre es, aus einer mißverstandenen europäischen Perspektive ableiten zu wollen, wir bräuchten uns um die Europäische Gemeinschaft nicht mehr so viel Mühe zu geben. Das Gegenteil ist richtig. Hierin stimmen die deutschen Sozialdemokraten mit der die Bundesregierung tragenden Koalition überein.

Für unsere Partner in der Europäischen Gemeinschaft ist es gerade jetzt wichtig, zu wissen, daß wir auf breiter Basis in diesem Bundestag und in unserem Volk entschlossen sind, am Ausbau der Gemeinschaft unvermindert und unverdrossen mitzuwirken mit allem, was die Bundesrepublik Deutschland darstellt und was sie zu leisten vermag.

Was freilich jetzt hinzukommen muß, ist eine aktivere Ostpolitik der Europäischen Gemeinschaft. Ich finde es ja gut, daß der Französische Staatspräsident zu dem Treffen am Samstag eingeladen hat, gut auch wegen des Zeitpunkts. Es wäre ja noch schöner, wenn die Europäer nicht ihre Meinung klärten, bevor die beiden ganz Großen auf ihrem Schiff in der Nähe von Malta zusammentreffen. Die Staats- und Regierungschefs sollten in Paris gut zuhören, wenn ihnen Jacques Delors vorträgt, was sich die Kommission zu dem Thema hat einfallen lassen. Es kann sich jetzt nicht darum handeln, denke ich, einen Gesamtplan zu entwickeln für Hilfe und Zusammenarbeit mit allen zentral- und osteuropäischen Staaten, mit allen, die sich auf dem Weg der Neuorientierung befinden. Denn die tatsächlichen Gegebenheiten unterscheiden sich erheblich von Staat zu Staat, deshalb auch die unterschiedlich zu entwickelnden Formen und Intensitäten der vor uns liegenden Zusammenarbeit.

Unbestritten aber sollte sein, daß die Bereitschaft zu im Niveau angehobener Zusammenarbeit, d. h. einer solchen, die über einen Handelsvertrag hinausreicht, auch die DDR einbezöge. Dies entspräche im übrigen einer zusätzlichen, uns hilfreichen Einbettung der deutschen Dinge in die gerade für uns so wichtigen europäischen Zusammenhänge.

Ich meine auch, daß wir beginnen müssen, konkreter zu werden, in Brüssel und anderswo, mit Blick auf die neunziger Jahre, wie die Elemente gesamteuropäischer Politik zusammengefügt werden können. Element eins: was aus den Wiener Verhandlungen heraus wächst; das jetzt mögliche System europäischer Friedenssicherung. Ich bin entschieden der Meinung, daß wir in den nächsten Jahren – nicht erst Ende der neunziger Jahre – eine gesamteuropäische Umweltschutzorganisation brauchen. Die Gemeinschaft hat sich ja lange Zeit gelassen mit ihrer Umweltbehörde. Jetzt ist es soweit. Der zuständige Kommissar hat vorgeschlagen, sie in Berlin anzusiedeln. Das könnte gut passen, denn der Ort wäre auch für die andere Dimension der europäischen umweltpolitischen Zusammenarbeit gut geeignet.

Also europäische Friedensordnung, europäische Ökologiepolitik und dann drittens gefächert unterschiedliche Formen von Assoziierungen bis hin zu neuen Mitgliedschaften. Das wird sich in den neunziger Jahren in erheblichem Maße klären, denke ich mir.

Zu Polen, Herr Bundeskanzler. Sicher sind wir auch hier nicht auseinander, wenn wir sagen: Polen bleibt für uns Deutsche ein europäischer Partner von ganz besonderem Rang, aus historischen Gründen ebenso wie wegen der Chancen jetziger und künftiger

Zusammenarbeit; und das dem polnischen Volk zugefügte unermeßliche Leid kommt noch immer hinzu.

Die schon in früheren Jahren angestrebte Aussöhnung, die ja nie durch irgendein Regierungsdokument oder durch irgendeinen Druck auf den Knopf erreicht wird, bleibt eine ganz wichtige Aufgabe nicht nur der deutschen Politik, sondern unseres Volkes im ganzen. Wie könnte die sozialdemokratische Seite dieses Hauses – aber ich denke, das gilt etwa auch für die Kollegen von der grünen Fraktion –, etwas dagegen haben, wenn die gute Nachbarschaft, von der die Rede war, durch den Kanzlerbesuch erheblich nähergerückt ist? Die eine oder andere Panne hat nicht verhindert, hat nicht verhindern können, daß der Besuch ein Erfolg wurde. Das ist doch der deutschen Sache wegen zu begrüßen, und warum sollte ich daran herumkritteln wollen? Daß über die Rechte und Möglichkeiten der deutschen Minderheit jetzt etwas vereinbart werden konnte, was mit den voraufgegangenen polnischen Regierungen nicht möglich war, könnte auch uns alle zufrieden stimmen.

Helmut Kohl wird vermutlich der Aussage zustimmen – wenn auch vielleicht nicht gleich öffentlich –, daß es Termine gibt, die vom Liegenlassen nicht besser werden, auch nicht billiger. Aber trotzdem, mich beeindruckt die Großzügigkeit der getroffenen Vereinbarungen, und ich stimme zu: Davon könnten sich andere eine Scheibe abschneiden.

In der leidigen Grenzfrage wäre Bundeskanzler Kohl meines Erachtens gut beraten gewesen, hätte er sich stärker mit dem Text angefreundet, den der Bundestag hier beschlossen hat, oder auch mit jenem Text, für den der Bundesaußenminister auf der Berliner Kundgebung am vergangenen Freitag sehr starken Beifall bekommen hat. Aus meiner Sicht geht es überhaupt nicht darum, geht es wirklich nicht darum, ob man die nach 1945 getroffene Grenzregelung für gerecht hält. Ich habe sie nicht für gerecht gehalten und habe das auch schwarz auf weiß festgehalten. Aber dem wäre ja, sobald man dieses Argument brächte, sehr viel anderes entgegengehalten worden – und würde es immer noch.

Was die heutige Lage angeht: Natürlich kann die Bundesregierung Verpflichtungen nur für die Bundesrepublik Deutschland eingehen. Doch ich war schon 1970 der Meinung – und diese meine Meinung hat sich nicht geändert –: Niemand, auch nicht noch so tüchtige Juristen, kann uns daran hindern, unser Wort auch für den Fall zu geben, daß wir, was immer an uns liegt, an einer friedensvertraglichen Gesamtregelung mitzuwirken hätten. Und ich kann nur hinzufügen: Hoffentlich wird nicht noch einmal eine Fußangel daraus, daß dies Nachfolgern vorbehalten bleibt.

Neu und wiederholt stellt sich die Frage nach der deutschen Einheit. Offensichtlich halten die Landsleute in der DDR Wahlen jetzt für das vorrangige, und das kann ich verstehen. Keiner von uns wird dem widersprechen wollen. Ich habe seit vielen Jahren mein Problem mit dem „Wieder" bei der Vereinigung, weil ich überzeugt war und bin: Dies suggeriert, als könnte etwas wieder so werden, wie es einmal war. Und außerdem steht es nicht im Grundgesetz. Das Grundgesetz fordert uns auf, für Selbstbestimmung und Einheit in Freiheit und für Europa – das haben viele vergessen; schon 1949 – zu wirken. Ich gebe zu, ich habe auf den anderen, an vergangene Vorstellungen erinnernden Begriff hingewiesen. Ich habe in diesem Zusammenhang gelegentlich sogar von einer Lebenslüge gesprochen. Ich kann nur davon abraten, hiergegen den „Zitaterich" in Anspruch zu nehmen; dabei kommt nichts heraus. Da sollte man miteinander so seriös wie möglich prüfen, was denn jetzt möglich ist.

Ich stehe zu dem, was ich in meinem ersten Bericht zur Lage der Nation im Januar 1970 festgehalten habe, mit für mich auch heute noch eindeutigen deutschlandpolitischen Orientierungen, damals, am Beginn unserer Art von Vertrags- und Entspannungspolitik, d. h. mit dem Recht auf Selbstbestimmung und dem Streben nach nationaler Einheit und Freiheit im Rahmen einer europäischen Friedensordnung.

Was wir erleben, das hat nun zu einem nicht unerheblichen Teil zu tun mit dem Heranwachsen einer Einheit von unten. – Ich zögere jetzt ein bißchen, weil es so aufgefaßt werden könnte, als halte ich das Volk für etwas, was unten ist im Verhältnis zu uns. Aber ich meine: von der Basis her, wie es im Neudeutschen heißt.

Die Einheit wächst von den Menschen her, auf eine Weise, die so kaum jemand vorausgesehen hat.

Die zweite Kategorie der hiermit verbundenen Gedanken handelt vom Verhältnis zwischen den beiden Staaten. Da kann ich – zusätzlich zu dem, was in der Regierungserklärung vorgetragen wurde – nur freundlich und dringend raten, abklopfen zu lassen, was der Staatsratsvorsitzende der DDR in seiner Rede am 10. November über unterschiedliche Formen gemischter Kommissionen vorgetragen hat. Die eine, die schon einmal vereinbart war, war die Wirtschaftskommission. Der Staatsratsvorsitzende hat andere gemischte Kommissionen angesprochen. Ich weiß nicht, ob das alles vernünftig ist. Aber ich würde es abklopfen lassen, sehen, was drinsteckt. Ich begrüße sehr, was über ärztliche Hilfe gesagt worden ist. In manchen Gebieten des Gesundheitswesens gibt es drüben Engpässe.

Ich würde der Regierung auch dazu raten, bestehende deutsch-deutsche Institutionen und Vereinbarungen daraufhin zu überprüfen, ob sie neu entwicklungsfähig sind. Da der Bundeskanzler von einem Sachverständigengremium in bezug auf wirtschaftliche Zusammenarbeit mit Polen gesprochen hat, sage ich, auch auf die DDR bezogen könnte es ein Vorteil sein, wenn möglichst ideologiefrei erfahrene Frauen oder Männer aus der Industrie, aus der Bankenwelt und aus der praxisbezogenen Wissenschaft miteinander berieten; meistens haben sie den Kopf noch ein bißchen freier als diejenigen, die jeden Tag ihrem politischen Geschäft nachgehen müssen. – Also, das ist die zweite Kategorie.

Die dritte ist dann die, die von der staatlichen Einheit oder von der Neuvereinigung handeln würde, wenn die Menschen in der DDR dies in Ausübung ihres Selbstbestimmungsrechts so wollen. Ich würde keine Option ausschließen, keine Option abweisen. Und ich füge hinzu, bei allem Respekt vor den Statusmächten, auch nach Jahrzehnten, die vergangen sind: Das ist ja wohl nicht denkbar, daß wir noch einmal wie Ende der fünfziger Jahre eine Situation bekommen, wo die Vier etwas verhandeln und irgendwelche Deutschen an Katzentischen Platz nehmen; das ja wohl nicht.

Übrigens, Einheit besteht ja auch nicht nur aus den großen Dingen. Zur Einheit gehört auch die Freizügigkeit für frühere Flüchtlinge aus der DDR einschließlich der von den bisherigen DDR-Regierungen Ausgebürgerten.

Da der Bundeskanzler zu Recht von der vielen Hilfe für Nachbarn gesprochen hat, die aus dem anderen Teil Deutschlands übergesiedelt sind, füge ich hinzu: Ich finde, viele Mitarbeiter der karitativen Organisationen verdienen von uns ein Wort der Anerkennung. Viele haben rund um die Uhr gearbeitet.

Eine letzte Erwägung. Es ist unvergessen, wie es einen bedeutenden, auf seine Weise großen Bundeskanzler dieser Republik, nämlich Konrad Adenauer, die Mehrheit gekostet hat, daß er nicht zur angemessenen Reaktion auf die Vorgänge in der DDR fand. Das hat ihn die Mehrheit bei der Bundestagswahl 1961 gekostet; aber es war sein Problem, nicht so sehr das unsere. Wir wären damals sicher gern schon ein bißchen stärker geworden. Und dann habe ich danach nicht vergessen, wie sich Bundeskanzler Ludwig Erhard, als es um die Folgen der Mauer und um den Versuch ging, die besonders unmenschlichen Folgen der Mauer abbauen zu helfen, leicht dazu durchgerungen hat, den Berliner Bürgermeister, der dann auch Vorsitzender seiner Partei wurde, und den Vorsitzenden des Gesamtdeutschen Ausschusses, wie wir damals sagten, der auch nicht zur Regierung gehörte, an den Kabinettstisch zu bitten, wenn über Fragen von nationaler Verantwortung zu sprechen war. Jetzt lasse ich andere Situationen außen vor. Ich könnte ja auch sagen: Wer hat es vergessen, daß Helmut Schmidt, als er Bundeskanzler war, bei kritischen Situationen alle an einen Tisch – ich hätte fast gesagt: runden Tisch – gebeten hat? Aber die Form des Tisches ist wirklich schnuppe. Damals war jeder einzelne Mensch wichtig, und wir haben es uns alle miteinander nicht leichtgemacht.

Daß aber jetzt in einem so ungeheuer wichtigen, vielleicht entscheidenden Abschnitt deutscher Geschichte das organisierte Zusammenwirken aller Kräfte nicht nötig sein sollte, das würden viele Menschen in unserer Bundesrepublik nicht verstehen, und sie hätten recht.

Es geht einmal darum, was wir für die DDR, für die Menschen in der DDR, tun können. Das ist zunächst eine Sache der beiden Regierungen – ohne sie auf eine Stufe stellen zu wollen. Aber Sie werden doch die Opposition nicht ausschließen wollen, wenn es um dieses Thema geht. Man wird das in Wirklichkeit auch nicht können, weil Deutschland, weil die deutschen Themen dieser Tage keine Kabinettssache mehr sind.

Es kommt manches hinzu, was außerhalb des engeren politischen Spektrums liegt. Ich habe, als ich gestern abend aus Brüssel zurückkam, mit großem Respekt gelesen, was Kurt Biedenkopf und Georg Leber gemeinsam an Gedanken über eine Solidaritätsstiftung des deutschen Volkes zu Papier gebracht haben. Ich denke, das sollte man aufmerksam prüfen.

Ich habe positiv vermerkt, daß manche Anregungen des Vorsitzenden meiner Partei in den praktischen Teil, auf die DDR bezogen, eingeflossen sind, vermutlich mit beeinflußt durch Gespräche, die Bundesminister Seiters zu diesen Themen schon geführt hat. Ich begrüße dies.

Herr Bundeskanzler, Sie sagen gelegentlich – das ist auch wohl so –, daß Sie Geschichte studiert haben. Da dies so ist, können Sie nicht bei der Meinung bleiben, der runde Tisch sei besetzt durch Situationen, in denen eine Diktatur abgelöst wird. Die Tradition des runden Tisches geht in das 6. Jahrhundert zurück, nämlich auf den König Artus.

Wer die Geschichte dieses Jahrhunderts verfolgt hat – ich bin nun ein bißchen älter und habe das mehr präsent –, der weiß, welche entscheidende Rolle die Round-table-Konferenzen z. B. des britischen Weltreiches gespielt haben: Indien ist durch Verhandlungen am Round-table ein selbständiges Land geworden; dann kam Gandhi dazu. Die Labour Party, die nicht an der Regierung war, wurde eingeladen, kam aber nicht immer. – Ich bin auch nicht sicher, ob die Sozis immer kommen. – Aber dies ist doch vernünftig.

Mißverstehen Sie mich bitte nicht: Ich bin gegen künstliche Gemeinsamkeit. Ich sage dieses als einer, der sich, als die Gemeinsamkeit leider nicht möglich war, bei den Ostverträgen, in Sachen

Helsinki, beim Nichtverbreitungsvertrag, mit einer sehr knappen Mehrheit hat helfen müssen. Solche Situationen gibt es. Aber das ist doch nicht ideal. Wenn es geht, ist es doch ein Vorteil – das habe ich vorhin am Beispiel Europa klargemacht –, wenn man sich auf eine breite Zustimmung, in diesem Fall vor allem des Deutschen Bundestages, stützen kann. Was heute ansteht, erlaubt und erfordert wohl auch weithin gemeinsame Antworten. Für Parteipatriotismus, überzogenen Parteipatriotismus, bleibt jetzt objektiv nicht soviel Raum, sondern die Interessen unseres Volkes gebieten ein hohes Maß an nationaler Gesamtverantwortung und Solidarität.

Was Erneuerung heissen soll

Rostock, Marienkirche, 6. Dezember 1989

Meine Damen und Herren, Schwestern und Brüder, liebe Landsleute! Ich bin wirklich sehr, sehr glücklich, daß ich in dieser vorweihnachtlichen Zeit bei Ihnen in Rostock sein kann. Ich danke Ihnen allen dafür, daß Sie in so großer Zahl gekommen sind. Ich danke für die Begrüßung und die Blumen, die mir auf den Weg gegeben wurden, und ich bedanke mich vor allen Dingen bei Pastor Gauck, daß er uns hier hat zusammenkommen lassen. Ich bin glücklich, so wie ich es im vorigen Monat war, an jenem 10. November in Berlin, als die Mauer durchlässig wurde und als die getrennten Familien wieder zusammenkamen, freundlich, fröhlich, ohne Aggression. Ich habe mich meiner Tränen nicht geschämt an diesem Tag.

Dieses Jahr '89 wird in die Geschichte eingehen. Ich habe am Wochenende in Hamburg einen französischen Publizisten getroffen, der hat etwas neidisch gesagt, wenn man bisher in der Welt '89 sagte, dann meinte man damit 1789 mit der Großen Französischen Revolution, die sich zu den Ideen der Freiheit und der Gleichheit und der Brüderlichkeit bekannte. In Zukunft, sagt er, wird man fragen, ob nicht 1989 gemeint ist mit dem, was jetzt nicht allein in Deutschland geschieht, sondern in ganz Osteuropa. Der Prozeß, dessen Zeugen wir sind – ja nicht nur Zeugen, sondern (Sie noch mehr als ich) unmittelbar Beteiligte –, dieser Prozeß handelt von dem freiheitlichen Erwachen der Völker in diesem Teil Europas, und er handelt davon, daß die Teile Europas zusammenwachsen. Ich bin selbstverständlich auch glücklich, weil gestern die Vertreter der heute bestehenden Behörden auf beiden Seiten, in Ost-Berlin und Bonn, beschlossen haben, daß wir im neuen Jahr in beide Richtungen reisen können in Deutschland. Heute brauchte ich noch ein Visum, aber an der Grenze waren sie sehr freundlich zu mir.

Es ist jetzt ganz wichtig, daß wir nicht bei den Sentimentalitäten stehenbleiben. Obwohl ich Ihnen zugebe, für mich ist diese Versammlung auch deshalb bewegend, weil ich ja zur Hälfte ein Mecklenburger bin. Meine Mutter kam aus Klütz, und ich habe in meiner Kindheit nicht nur Klütz und Wismar besucht, sondern auch Rostock und Schwerin, Malchin und Güstrow. Dies Land ist mir vertraut, aber es sind 53 Jahre her, seit ich das letzte Mal als junger Mann meinen Fuß auf Rostocker – noch genauer: auf Warnemünder – Boden setzte. Da schwingt sehr viel mit. Was ist alles in dieser Zeit an Elend über unser Volk gekommen! Aber jetzt sind wir dabei, aus dem Tunnel herauszukommen, wir alle miteinander.

Es ist wirklich sehr wichtig, daß die Entschlossenheit zur grundlegenden Erneuerung nicht erlahmt. Es ist auch wichtig, daß das nicht aus dem Ruder läuft. Ich mische mich nicht ein – wie käme ich dazu –, aber ich kann einige Ratschläge vermitteln. Ich darf vielleicht auch Bitten äußern.

Aus meiner Sicht ist es ganz, ganz wichtig, daß die Entschlossenheit ungebrochen bleibt und daß sie gepaart bleibt mit Besonnenheit, weil aus Chaos nur sehr selten etwas Gutes, Neues entstanden ist. Aber es ist schon gut, daß wir uns verständigen, was Erneuerung heißen soll. Aus meiner Sicht: daß Schluß gemacht wird mit dem Mißbrauch der Idee des Sozialismus, der doch davon handeln sollte, daß Leute aus der Unmündigkeit herausgeholt und nicht in Unmündigkeit hineingebracht werden sollen; der doch davon handeln sollte, daß die Menschen wissen, was der Ertrag ihrer Arbeit ist – und dazu braucht man eine funktionierende Wirtschaft und nicht eine, die durch Inkompetenz zugrunde gerichtet wird.

Es war ein langer Weg, der sich, wie wir alle spüren, seinem Ende nähert. Es war nicht immer leicht, die Etappen des hinter uns liegenden Weges richtig abzustecken, auch hinreichendes Verständnis zu finden für das, um das man sich bemühte. Ich erinnere mich, daß wir im Dezember 1963, als ich noch Bürgermeister in Berlin war, mit sehr viel Mühen – jedenfalls für die Weihnachtstage – Passierscheine aushandeln konnten, damit sich die Familien nach langer Zeit der Trennung wieder besuchen konnten. Ich bin immer ausgegangen von der Vorstellung, daß die Familien zusammenhalten müssen, damit die Teile des Volkes zusammenhalten. Die ganze Politik soll sich zum Teufel scheren, wenn sie nicht dazu da ist, den Menschen das Leben etwas leichter zu machen.

Wir in der Bundesrepublik mußten dann Anfang der siebziger Jahre mit zuweilen schwierigen Partnern im anderen Teil Europas vertragliche Regelungen treffen, um Spannungen abzubauen, mit der Sowjetunion, mit Polen, mit der Tschechoslowakei. Auch ein Grundlagenvertrag mit der DDR, der uns zum Beispiel ermöglichte, daß wir zwischen Berlin und dem Bundesgebiet ungehindert hin und her fahren konnten, und einiges andere kam hinzu. Wir haben dann, indem wir diese Voraussetzungen schufen, mitgewirkt an der ersten gesamteuropäischen Konferenz im Sommer '75 in Helsinki und haben uns nicht abbringen lassen von der Idee, daß die Rüstungsausgaben heruntergeschraubt werden müssen in Europa.

Insofern haben wir einige der Voraussetzungen mit schaffen geholfen für das, was nun in Bewegung gekommen ist. Nun will ich das auch nicht übertreiben: Den Gorbatschow habe ich nicht erfunden, und ich habe auch nicht früh genug einkalkulieren können, daß die beiden Weltmächte erkennen würden, daß sie erdrückt werden von dem Wettrüsten der hinter uns liegenden Jahre, daß damit Schluß gemacht werden muß, daß Mittel umgelenkt werden müssen für Zwecke, die den Menschen in den eigenen Ländern zugute kommen, aber auch für die, denen es sehr viel schlechter geht als uns.

Wenn ich heute mit Freunden und Kollegen aus der Dritten Welt spreche, dann äußern sie die Furcht, die veränderte Lage in Europa und verstärkte wirtschaftliche Zusammenarbeit zwischen dem Westen und Osten in Deutschland und überhaupt könnte dazu führen, daß wir noch weniger zu tun bereit sind für alle die vielen Millionen Menschen, die nicht einmal satt werden, und wo die Kinder nicht einmal genug zu essen bekommen, bevor sie schlafen gehen. Da müssen wir aufpassen, und ich rate allen, die jetzt und in den nächsten Jahren in Deutschland Verantwortung tragen: Wir müssen das eine tun und dürfen das andere doch nicht lassen – uns um die eigenen Dinge kümmern und gleichzeitig uns ein offenes Herz bewahren für die, die es sehr viel schlechter haben und die doch unsere Partner sind in dieser Welt und nicht nur einfach die ganz armen Verwandten.

Ich habe gesagt, ich will mich nicht einmischen. Das tue ich auch nicht, aber mir scheint es ganz logisch zu sein, daß dieser Aufbruch des Freiheitlichen in der DDR rascher, als es mancher vorausgesehen hat, zu freien Wahlen führen muß; erst zu einem runden Tisch, an dem auch schon die neuen Kräfte sitzen, weil es für eine bisherige Regierung kaum noch ausreichend Legitimität gibt, und dann zu Wahlen, von denen ich hoffe, daß die wirklich demokratischen Kräfte zusammenstehen. Freie Wahlen, aus denen auch für die Verhandlungen mit der Bundesrepublik Deutschland eine wirklich vom Volk getragene Regierung hervorgeht.

Ich habe hier nicht als ein Parteimann zu sprechen, und ich bekunde in dieser Stunde ausdrücklich: Was wir brauchen in Deutschland, also auch in der DDR, ist nicht neue Einförmigkeit, sondern ist das faire Zusammenwirken von politischen Kräften, die um den jeweils besten möglichen Weg ringen. In Respekt vor denen, die sich anders entscheiden, sage ich als einer, der aus der Sozialdemokratie kommt: Die deutsche Sozialdemokratie ist wieder da, nicht nur im deutschen Westen, sondern in Deutschland.

Ich sage dies in einer Stadt, in der deutlicher als anderswo abzulesen ist, wieviel Verlogenheit mit der berüchtigten Vereinigung von 1946 verbunden war. Das war keine Vereinigung, das war die Gefangennahme einer großen politischen Partei durch eine andere. Am 6. Januar 1946 haben meine politischen Freunde im Rostocker Stadttheater einstimmig beschlossen, sie wollten eine solche Form von Vereinigung nicht. Sie ist ihnen aufgezwungen worden. Ein Mann wie Willi Jesse, den die alten Rostocker noch kennen, wurde im Sommer '46 auf der Straße verhaftet. Nach acht Jahren kam er aus Rußland zurück. Und Heinrich Beese kam '48 für sechs Jahre nach Bautzen, davon zweieinhalb Jahre in Einzelhaft, auch er wegen seiner Überzeugung. Da können die, die bisher an der Macht waren, nichts mehr rehabilitieren, aber die Wahrheit der Geschichte muß auf den Tisch. Und die Wahrheit der Geschichte ist einzuklagen nicht nur bei der bisher herrschenden Partei – oder was von ihr übrig bleibt –, sondern auch bei denen, die, wenn sie auf einem anderen und besseren Weg gehen wollen, in der Nachfolge der russischen Besatzungsmacht stehen und die uns damals hier in Rostock und anderswo etwas überstülpen wollten, was nicht zu uns paßte.

Nun werden die Deutschen zusammenrücken, ohne daß einer von uns genau weiß, unter welcher Art von Dach wir uns zusammenfinden. Aber wenn es wahr ist, daß die Teile Europas näher zusammenkommen – ich hoffe sehr nah –, dann muß auch für unsere Nachbarn in West und Ost logisch sein, daß die Deutschen auf den Gebieten, auf denen sie mehr gemeinsam haben als andere, in engere Verbindung miteinander treten. Das ist ja nicht nur die gemeinsame Geschichte, die Kultur und die Sprache, das sind ja auch viele praktische Dinge, und es ist die uns auferlegte gemeinsame Friedenspflicht. Für die Jungen muß es schwer zu verstehen sein, daß wir immer noch in Haftung genommen werden für das, was eine frühere Diktatur über unser Volk gebracht hat. Ich weiß, ein wie langes Gedächtnis die Völker haben können, aber ich weiß auch: Nationale Schuld wird nicht durch die willkürliche Spaltung einer Nation getilgt. Und deshalb habe ich dieser Tage gesagt, mir schwebt vor, daß wir zu einer neuen Art von deutschem Bund zusammenfinden. Schematisch kann man das nicht zusammenfügen. Auch auf Gebieten, auf denen es später ein höheres Maß an Einheitlichkeit geben wird, nimmt das seine Zeit. Das sagt uns die Vernunft. Nebenbei gesagt, auch das, was der Dr. Modrow vor ein paar Wochen vorgeschlagen hat (auf seine Weise bemüht er sich ja ehrlich, er kommt nur ein bißchen sehr spät), also was er eine Vertragsgemeinschaft nennt, ist ja vom Ansatz her nicht so weit entfernt von dem, was andere von uns einen Deutschen Bund nennen. *Wieder*vereinigung kann ich mir eh schwer vorstellen.

Es wird nichts wieder so, wie es war. Es ist etwas Neues, das wir schaffen müssen, und das müssen wir in Respekt voreinander schaffen. Da darf der deutsche Westen sich nicht als Vormund aufschwingen und aufführen. Es gibt ja seit gestern einen ersten, wenn auch noch sehr bescheidenen Ansatz. Vertreter der Bundesregierung und die, die noch für die DDR regieren, haben vereinbart – ich sage noch einmal: sehr bescheiden, aber vom Prinzip her richtig –, daß Bürger der DDR, wenn sie in die Bundesrepublik kommen, nicht auf ein Gnadenbrot angewiesen sind. Sie können 200 Mark ihres eigenen Geldes wirklich eintauschen, die ersten 100 Mark 1:1, die zweiten 1:5. Das ist ein erster Einstieg in eine Währungsunion, die kommen muß und von der ich hoffe, daß man dabei die einfachen Sparer in der DDR nicht vergißt. Die haben für ihr Geld mindestens so hart gearbeitet wie irgend jemand im deutschen Westen.

Ich denke, es gibt eine Fülle von Feldern praktischer Zusammenarbeit in den nächsten Jahren, und wenn ich die Lage in der Bundesrepublik Deutschland einigermaßen richtig überschaue, dann gibt es dort die Bereitschaft, zu helfen, zu unterstützen, besser gesagt: Hilfe zur Selbsthilfe zu leisten. Ich glaube auch, daß wir weit über die praktischen Dinge hinaus zu starker Annäherung kommen können, auch wo es um die Gesetze geht. Nur sag ich Ihnen ganz offen: Noch wichtiger als die Frage, ob die Texte unserer Gesetze übereinstimmen, ist, daß Rechtsstaatlichkeit überall in Deutschland eingelöst wird.

Ich habe Währungsunion gesagt, die kommen muß; wirtschaftliche Zusammenführung, die kommen muß, ohne Einverleibung, ohne gar ein Ausschlachten der DDR; eine wirtschaftliche

Zusammenführung, um das Gefälle abzubauen. Das alles nimmt seine Zeit.

Ich verfolge mit Interesse, was sich jetzt alles an Gestank verbreitet, rückwirkend auf Herrscher der zurückliegenden Jahre. Aber so sehr ich der Meinung bin, daß Gesetzesbrecher vor ihren Richter gehören, so wenig sympathisch empfinde ich die Jagd auf Sündenböcke, zumal, wenn sie aus den Reihen derer veranstaltet wird, die alle dabei waren.

Das Ziel, das wir vor uns haben, ist nicht nur, daß wir in Schritten, in Etappen ganz eng zusammenkommen, sondern auch, daß wir unsere gute deutsche Rolle in einer europäischen Friedensordnung spielen, so daß nie mehr Krieg in Europa kommen kann, daß in West und Ost die Rüstungen heruntergefahren werden und dieser Kontinent, dieser alte und doch noch immer wieder lebendige europäische Kontinent, seiner Menschen und der Menschen in anderen Teilen der Welt wegen konstruktiv zusammenarbeiten kann. Das wollte ich gerne hier heute nachmittag gesagt haben.

Ein neues Gewicht für Europa

Berlin, Programm-Parteitag der SPD, 18. Dezember 1989

Meine Gedanken gehen heute 26 Jahre zurück, nämlich zum 18. Dezember 1963. Welch ein Weg von jenen bescheidenen Berliner Passierscheinen bis hin zur innerdeutschen Reisefreiheit! Damals war viel Freude in der Stadt, auch damals schon. Doch es gab auch damals nicht nur Zustimmung. Ein geschätzter CDU-Kollege, der Bundesminister Ernst Lemmer, fragte mich, ob wir uns nicht mit allzuwenig hätten abspeisen lassen. Ich habe damals gesagt, wir hätten uns vorgenommen, die offenen Themen Schritt für Schritt abzuarbeiten. Ich fügte hinzu: Noch so kleine Schritte sind mehr wert als alle großen Worte.

In der Tat, unzulängliche Vereinbarungen und schwierige Verträge haben dazu gedient, den Zusammenhalt der getrennten Familien, der getrennten Volksteile und der gespaltenen Nation wahren zu helfen. Ich blieb der Meinung, die ganze Politik solle sich zum Teufel scheren, wo sie nicht dazu dient, Menschen in Bedrängnis das Leben etwas leichter zu machen.

Welche vernünftige Orientierung können wir unserem Volk

heute vermitteln? Ich wende mich mit meiner Antwort über diesen wichtigen Parteitag hinaus an die Landsleute diesseits und jenseits der bisher so schmerzhaft trennenden Linien.

Erstens: Einander beistehen ist jetzt der Deutschen erste Bürgerpflicht. Zweitens: Mit dem Einstieg in ein neues Verhältnis zwischen den beiden Staaten braucht nicht gewartet zu werden, bis die Wahlen in der DDR stattgefunden haben; aber der Weg zu unbezweifelbarer Demokratie muß störungsfrei gehalten werden. Drittens: Gemeinsame Interessen sprechen dafür, daß das Werk der Neugestaltung im anderen Teil Deutschlands jetzt Vorrang hat. Recht muß einkehren, Hektik gedämpft, Gewalttätigkeit vermieden, umfassende ökonomische und ökologische Zusammenarbeit eingeleitet werden. Viertens: Es kann keine Rede davon sein, im Westen die Schotten dichtzumachen; aber die jetzt und künftig Verantwortlichen stehen in der Pflicht, sich über die sozialen Konsequenzen von Freizügigkeit und weiterreichender Einheit klarzuwerden. Fünftens: Auf gar keinen Fall darf man sich zu etwas hinreißen lassen, was Konflikte mit den ausländischen – in diesem Fall sowjetischen – Streitkräften zur Folge hätte. Sie haben sich in die Ereignisse des Oktober 1989 erfreulicherweise nicht hineinziehen lassen und werden im übrigen ja auch nicht immer dort bleiben, wo sie heute sind.

Vor aller Augen vollzieht sich ein Zusammenbruch der über 40jährigen SED-Herrschaft – mit viel Fehleinschätzung, Unwahrhaftigkeit, Mißachtung der Bürger: Eine gute Orientierung können wir nur geben, wenn wir uns hinreichend bewußt machen, mit welch tiefgreifenden, ja revolutionären Umwälzungen wir es in Europa zu tun haben. Ja, erneut wird ein Jahr 89 – 1989 wie 1789 – als ein großes Jahr eingehen in die europäische Geschichte. Und es ist gut, sagen zu können: Die Deutschen waren dabei – jedenfalls nicht als Letzte, auch nicht mit dem geringsten Gewicht.

Aber Europa ist der eigentliche Gegenstand, Deutschland ein wichtiges, ein sehr wichtiges Unterthema. Die Völker hatten genug vom gängelnden Führungsanspruch derer, die diesen weder verdient hatten noch ihm gewachsen waren. Sie hatten mehr als genug davon, daß Meinungsfreiheit, Rechtssicherheit, Bürgerrechte überhaupt systematisch mit Füßen getreten wurden. Sie hatten mehr als genug von der Mißwirtschaft derer, die sich selbst nicht schlecht bedienten, aber die vielen anderen um den Ertrag ihrer geistigen und körperlichen Arbeit brachten.

Was die Völker jetzt voranbringen, gibt unserem alten Kontinent ein neues Gewicht. Amerika bleibt wichtig, Ostasien wird wichtiger, aber Europa sackt nicht ab. Ich habe das Anfang des Jahres in Amerika noch anders gehört. Ich wiederhole: Europa sackt nicht ab. Daß seine Teile zusammenwachsen, entspricht einer geschichtlichen Logik. Und die Menschen spüren: Das Zukünftige ist besser gesichert, wenn hierüber gemeinsam und verantwortlich befunden wird.

Es kann nun auch als sicher gelten, daß wir – unter welcher Form von Dach auch immer – der deutschen Einheit näher sind, als dies noch bis vor kurzem erwartet werden durfte. Die Einheit von unten wächst, und sie wird weiter wachsen. Diese Einheit, die wächst, wird einen politischen Ausdruck finden, auch wenn dies noch einige eingeübte Statusdiplomaten im eigenen Land und in anderen Ländern aufscheuchen mag. Aus den Wahlen wird eine neue Regierung für die DDR hervorgehen. Ob die Übergangsregierung bis dahin zurechtkommt, ohne mehr unbelastete Fachleute, zumal solche von den Vertretern der demokratischen Opposition benannt, wird sich zeigen. Die beiden deutschen Seiten dürften ihre engere Zusammenarbeit nicht durch fachliche Unzulänglichkeiten über Gebühr belasten lassen.

Wie wir Deutschen unsere inneren Probleme lösen, dazu brauchen wir – bald ein halbes Jahrhundert nach dem Krieg – kaum noch auswärtigen Rat. Über unsere Stellung in Europa und in der Welt verfügen wir freilich nicht ganz allein. Präsident François Mitterrand hat hierzu Hinweise gegeben, die zu überhören unklug wäre. Einige Staatsmänner oder Staatsfrauen scheinen sich allerdings schwerzutun, wenn die Gelegenheit bestehen könnte, einlösen zu sollen, wozu sich ihre Vorgänger auf geduldigem Papier gern bekannten. Freilich: Nur Naivlinge oder Stümper haben annehmen können, es würde nicht noch schwierig werden, wenn die nationalen Fragen der Deutschen – ich wähle bewußt den Plural –

durch den Gang der Geschichte – lies jetzt: durch das Volk selbst – aufgerufen würden. Der Fall ist da.

Und nichts wird wieder, wie es war. Wir können helfen, daß zusammenwächst, was zusammengehört – auch wenn nicht alles schon nächste Woche nachmittags um sechs passiert.

Eine Wiedervereinigung von Teilen, die so noch nie zusammen waren, wird es nicht geben; eine Rückkehr zum „Reich" erst recht nicht. Das und nichts anderes war die „Lebenslüge" der fünfziger Jahre, an der ich ja auch mal beteiligt war, die aber weiter zu pflegen ich nicht für richtig hielt. Immerhin hatte ich dabei das Grundgesetz auf meiner Seite; denn es spricht nicht vom „Wieder", sondern von Selbstbestimmung, von Einheit in Freiheit, von Europa und davon, dem Frieden zu dienen.

Es ist, liebe Freunde, kein Beweis überentwickelter Staatskunst, wenn man sich mit schweren Steinen im Rucksack auf einen Gipfel begibt. Stein Nr. 1: Der wahltaktische Umgang mit der Ostgrenze. Dabei ist klar, sonnenklar: Wer den künftigen Zusammenhalt der Deutschen gefährden will, der muß – und sei es nur mit advokatorischen Mitteln – gegen die heutige Westgrenze Polens anrennen; keinen Staat auf der ganzen Welt hätten wir dabei auf unserer Seite. Stein Nr. 2: Die deutsche Interessenlage erlaubt kein Schwanken angesichts der Europäischen Währungsunion. Wer sich vor der D-Mark fürchtet, dem muß gesagt werden, er möge gemeinsam mit uns für eine starke europäische Währung, für einen starken ECU sorgen. Stein Nr. 3: Statt immer noch militärische Halb-Weltmacht spielen zu wollen, hätte unzweideutig rüberkommen müssen, daß beide Seiten in Deutschland sich in dieser Situation gefordert fühlen müssen, Schrittmacherdienste für Abrüstung zu leisten. Dabei war und bin ich dafür, das jeweils erreichbare Maß an Gemeinsamkeit anzustreben, wo Existenzfragen der Nation und Europas anstehen. Es bleibt immer genug übrig, worüber zu streiten sich lohnt.

Es wäre müßig, wenn wir uns jetzt – hüben wie drüben – mit einer gewissen deutschen Gründlichkeit in das Thema vertieften, unter welcher Art von gemeinsamem Dach wir in Zukunft leben werden. Doch wenn es wahr ist, daß die Teile Europas zusammenwachsen, was ist dann natürlicher, als daß die Deutschen in den Bereichen, in denen sie mehr als andere in Europa gemeinsam haben, enger miteinander kooperieren. Denn nirgend steht auch geschrieben, daß sie, die Deutschen, auf einem Abstellgleis zu verharren haben, bis irgendwann ein gesamteuropäischer Zug den Bahnhof erreicht hat. Das ist nicht das, was in meinem Verständnis Einbettung bedeutet. Allerdings gebe ich gern zu, daß beide Züge, der gesamteuropäische und der deutsche, bei ihren Fahrten vernünftig zu koordinieren sind. Denn wer hätte etwas davon, wenn sie irgendwo auf der Strecke zusammenstießen?

Gewiß, Sicherheitsinteressen der anderen haben selbst dann Gewicht, wenn sie sich stärker an eingebildeten als an objektiven Gegebenheiten orientieren oder aus diesen ableiten. Viele von uns sehen ein, daß ein deutsches Haus nicht gut zwei militärische Bündnisse beherbergen kann. Aber ist das nicht bloß eine Momentaufnahme? Sind die Bündnisse nicht dabei – das im Osten allemal –, ihren Charakter zu ändern? Werden wir es nicht insoweit in absehbarer Zeit mit einer veränderten, grundlegend veränderten Wirklichkeit zu tun haben? Bis sie eines Tages hinfällig geworden sein werden, mögen die Bündnisse noch wichtige Aufgaben erst der Vergewisserung, dann der Abwicklung zu erfüllen haben. Ich plädiere insoweit – maßgebenden Einwänden in West und Ost nachspürend – für etwas Geduld.

Ich plädiere – insoweit dem Bundespräsidenten folgend – auch sonst für einige Gelassenheit. Aber ich möchte doch auch – und mißversteht dies bitte nicht – die Verbündeten der Bundesrepublik bitten und dem bisherigen Hauptverbündeten der DDR zu erwägen geben, uns nicht über Gebühr diplomatischen Finessen auszusetzen, die geeignet wären, die deutsche Szene mit nationalistischen Reaktionen zu belasten.

Die Drei Mächte – in diesem Fall die USA, die UdSSR und Großbritannien – haben den Deutschen auf der Potsdamer Konferenz vom Sommer 1945 die Chance der Einheit in Aussicht gestellt. Die regelmäßigen Bekundungen zugunsten deutscher Einheit – etwa als ritueller Bestandteil von NATO-Texten, an denen auch ich zeitweilig mitzuwirken hatte – sind doch nicht etwa in der Erwartung abgegeben worden, niemandem werde die Probe aufs Exempel abverlangt? Und die gesamteuropäische Vereinbarung von Helsinki soll doch wohl schon gar nicht zu einem Hindernis dagegen aufgebaut werden, daß die Teile Deutschlands – einvernehmlich und in Ausübung des Rechts auf Selbstbestimmung – überflüssig gewordene Trennzäune wegräumen? Auch Vorbehalte der Vier Mächte sollten mit Blick auf die Jahrtausendwende nur mit großer Vorsicht aus der Vitrine geholt werden.

Ich kann nicht dazu raten, den Deutschen – bei ungenügender Berücksichtigung des Generationenwandels – den Eindruck zu vermitteln, es werde über ihre Köpfe hinweg über Dinge verfügt, die sie selbst angehen. Die Mächtigen dieser Welt haben es, wie wir selbst, nicht mit der ersten, sondern mit einer zweiten Generation derer zu tun, die nach 1945 heranwuchsen. Im Übergang zu den neunziger Jahren – 45 Jahre nach Kriegsende – taugt die Kategorie Sieger–Besiegte nicht mehr. Die jungen Deutschen – ich, der ich die Geschichte dieses Volkes über lange Zeit verfolgt habe, darf dies wohl sagen –, die jungen Deutschen von heute wollen Frieden und Freiheit wie die Jungen in anderen Ländern auch. Und wer will ernsthaft widersprechen, wenn ich hinzufüge: Noch so große Schuld einer Nation kann nicht durch eine zeitlos verordnete Spaltung getilgt werden.

Nun weiß freilich niemand, wie weit das Pendel ausschlägt, bevor die Zeit neu zu messen sein wird. Irrationale Sonderausschläge sind zu vermuten; es gibt sie schon. Wo demokratische Energien freigesetzt werden, bleibt Abfall zurück. Nationalistische Verirrungen, ständestaatliche Ladenhüter, rassistische Scheußlichkeiten – an mehr als einer Stelle in Europa ist vieles davon wieder da und verlangt, unterschiedlich von Land zu Land, eine deutliche Antwort. Einen Rückfall in den Vorkriegsnationalismus darf sich Europa wirklich nicht leisten. Für unser Land heißt dies: Verantwortungsvolle und geschichtsbewußte Deutsche dürfen sich nicht zu nationalistischem Verhalten mißbrauchen lassen. Das wäre, von anderem abgesehen, gegen den aufrechten Gang.

Vor knapp 14 Tagen habe ich in Rostock – es war lange her, seit ich das letztemal da sein konnte; das war während der Nazizeit auf dem Weg von Skandinavien nach Berlin mit dem Paß eines anderen Landes – gesagt: Die deutsche Sozialdemokratie ist wieder da – in Deutschland; indem sie in der DDR wieder da ist, ist sie in Deutschland wieder da, nicht nur bei uns im deutschen Westen. Auch insoweit wächst zusammen, was zusammengehört.

Wie immer organisatorische Dinge geregelt und der sich verändernden deutsch-deutschen Lage angepaßt werden mögen, Deutschland braucht *eine* sozialdemokratische Bewegung.

Aus dem führenden Kreis der namensergänzten Einheitspartei wird jetzt bekundet, man erinnere sich auch sozialdemokratischer Werte. Das ist löblich, und ich hielte es auch gegenüber anderen Ländern für borniert, nähme man nicht mit gebotener Aufgeschlossenheit Kenntnis von den „Mutationen", den Artveränderungen kommunistischer Parteien. Doch unserer Wohltätigkeit sind Grenzen gesetzt, denke ich. Und an Gedächtnisschwund leiden wir hoffentlich auch nicht. Es muß in Ordnung gebracht werden, was Sozialdemokraten und – ich füge hinzu – nicht anpassungswilligen Kräften der anderen Parteien wie Jakob Kaiser zu seiner Zeit in den Jahren nach 1946 angetan wurde. Wir lassen auch über die Entwicklung seitdem mit ihren Verfolgungen und Verfälschungen nicht einen Mantel des Verschweigens legen.

Die jüngeren Leute, die die Konkursverwaltung der SED übernommen haben, können sich weithin auf persönliche Nichtbeteiligung berufen, wo es sich um die Verfolgung der Sozialdemokraten handelte. Sie müssen sich trotzdem sagen lassen: Damals handelte es sich nicht um Vereinigung, sondern es handelte sich um Gefangennahme der Sozialdemokraten und um die Verfolgung unserer Idee. Und dies dauerte auch in Tauwetterzeiten an. Jetzt wird es Frühjahr, und die Gefangenschaft geht zu Ende. Da muß die Wahrheit auf den Tisch. Mich braucht niemand zu belehren, daß in den Kerkern, in den geheimen Zirkeln und im Exil während der Naziherrschaft eine Sehnsucht nach Einheit anschwoll. Ein Wunsch nach Zwangsvereinnahmung war das nicht. Zu der kam es durch böse Nachhilfemethoden der damaligen Besatzungsbehörden.

Es gab bekanntlich nicht nur sporadischen Widerstand, es gab einstimmige Ablehnungen, wie am 6. Januar 1946 im Rostocker Stadttheater: einstimmig durch die Mitgliederversammlung. Doch der Wille der Mitglieder zählte nicht. Opponierende Funktionäre wurden ins Zuchthaus befördert, nach Sibirien deportiert. So auch in Sachsen, so vielerorts sonst in der damaligen Ostzone. Die Wahrheit kommt auf den Tisch.

Aus dem Vorstand der SED war jetzt zu vernehmen, am Zusammenschluß von 1946, da legal zustande gekommen, sei nichts in Ordnung zu bringen. Das ist ein ernster Irrtum. Die Wahrheit kommt auf den Tisch. Und gravierendes Unrecht muß im Rahmen des Möglichen wiedergutgemacht werden. Dabei rufe ich ausdrücklich nicht nach einer „Rehabilitierung" durch Instanzen, die dazu weder moralisch noch politisch legitimiert sind.

Markus Meckel heute vormittag – ein glücklicher junger Mann, geboren 1951 – fragte, was denn wohl 1961 – da war er zehn Jahre alt – mit den Sozialdemokraten im Ostsektor von Berlin gewesen sei? Ja, die Vier-Mächte-Beschlüsse ließen es zu, daß bis dahin, wenn auch drangsaliert, Sozialdemokraten im anderen Teil in allen acht Bezirken – die hatten sogar ihre Sekretariate – tätig sein konnten. Ich war damals Landesvorsitzender. Nach dem Bau der Mauer haben wir beschließen müssen: Wir entlassen euch aus eurer Loyalität, wir können euch den Druck nicht mehr zumuten. Wir hätten jetzt, gestützt auf einen Beschluß der Vier-Mächte-Kommandantur aus dem Jahre 1946, die Tätigkeit im Ostsektor von Berlin wieder aufnehmen können. Aber damit hätte Unklarheit aufkommen können. Denn nach der Sommerpause, noch unter den Bedingungen der Halblegalität, hatte sich die SDP, die Sozialdemokratische Partei in der DDR, gebildet. Und ich sage hier ohne viel sonstige Worte: Deren Initiatoren haben wirklich nicht nur Mut, sondern auch Einfallsvermögen bewiesen, und ihnen gebührt Respekt, Dank und Solidarität. Sie gehören zu uns wie wir zu ihnen.

In der SED, wie gesagt, macht man es sich offensichtlich noch zu leicht. Mit ein bißchen Namensergänzung und verspäteter Anpassung an die seit fünf Jahren aus Moskau kommenden neuen Signale läßt sich eine neubegründete Überzeugung noch nicht hinreichend nachweisen, jedenfalls ein erneuter Führungsanspruch nicht rechtfertigen. Apropos Signale: Es ist hart, aber nicht ungerecht: Das Volk, die Völker hörten die Signale, und die SED-Funktionäre gehörten teils in die Rente, teils in den Wartestand. Dabei füge ich hinzu: Das Recht auf Irrtum steht Kommunisten zu wie anderen. Sie auszugrenzen wäre unvernünftig. Ihnen, einem ergänzten Parteinamen zuliebe, neue Vorrechte einzuräumen, ist jedoch überhaupt nicht zu rechtfertigen. Übrigens: Auch ein Bundeskanzler wird zu bedenken haben, daß er nicht wider Willen dazu beiträgt, das Leben abbruchreifer Strukturen zu verlängern.

Mir liegt daran, hinzuzufügen: Nicht alles, was gegen bisherige Spitzenfunktionäre der SED vorgebracht wird, kann überzeugen. Gewiß, „Korruptniks" gehören vor den Kadi, erst recht allerdings solche, die für die Verfolgung Andersdenkender verantwortlich sind. Ich gehöre zu denen, die die in der bisherigen SED ausgebrochene Jagd auf Sündenböcke als altstalinistisch und widerwärtig empfinden. Wer dabei war und den Mund nicht aufkriegte, sollte für nachträgliche denunziatorische Tätigkeit nicht auch noch gelobt werden. Das gilt auch für so manchen Würdenträger der Blockparteien. Da gibt es Leute, die möchten mit Pfunden wuchern, die sie längst verspielt haben.

Wir werden – grenzüberschreitend in mehrfacher Hinsicht – vieles in Ordnung zu bringen haben, bis die verschiedenen Teile unseres Vaterlandes gut zueinander passen. Das sich einigende Europa hat in Zeiten, in denen es nationalstaatliche Beengungen zu überwinden gilt, unser übergeordnetes Ziel, unser Orientierungspunkt zu bleiben. Das gilt für die EG wie für unsere frühe Mahnung, daß Europa nicht an der Elbe endet. Hochachtung und wirkliche, tief empfundene Verbundenheit kennzeichnen, denke ich, unser Verhältnis zu den mittel- und osteuropäischen Nachbarn, den Polen, den Ungarn, den Tschechoslowaken, den Bulgaren, auch dem Volk der Rumänen, eine freundliche Haltung nicht zuletzt übrigens zu den reformhungrigen und erneuerungsbedürftigen Völkern im Staatsverband der UdSSR. Vergessen wir nicht – obwohl außerhalb des bisherigen Ostblocks – die Völker Jugoslawiens, denen in deren eigenem und im europäischen Interesse dringend zu wünschen ist, daß sie den Zerfall ihrer Föderation zu verhindern wissen.

Das Europa der Völker ist dabei, sich Gehör zu verschaffen. Kulturelle Identitäten gewinnen neue Gestalt. Sein Wille zu dauerhafter Sicherung des Friedens läßt sich nicht verkennen. Sein Drang zu wirtschaftlicher Einheit wird sich, weil so elementar, kaum bremsen lassen. Sie seien auf dem Weg von Ost nicht einfach nach West, sondern nach Europa, sagte unlängst einer aus der Donauregion. Und wer wollte bezweifeln, daß von dem mühsamen und mittlerweile doch überzeugenden Vorhaben des Zusammenschlusses im europäischen Westen magnetische Wirkungen ausgegangen sind! EG und Perestroika und die Überzeugung der Mächtigen in Washington und Moskau, daß beide es sich nicht leisten könnten, von der Last der Rüstungsausgaben erdrückt zu werden, das alles hat zusammengewirkt. Aber daß Gorbatschows Perestroika noch immer schwer abzuschätzende Kräfte freigesetzt hat, wer wollte das übersehen! Für die Schubkraft haben die Menschen gesorgt, die sich nicht länger für dumm verkaufen lassen wollten.

Es ist ein Vorteil, daß bei allem sonstigen Streit die maßgeblichen Kräfte der bundesrepublikanischen Demokratie darin einig sind, daß die Europäische Gemeinschaft so ausgebaut werden soll, wie es beschlossen ist.

Durch den Gang der Entwicklung auf der Tagesordnung heraufgerückt ist die Verwirklichung einer überzeugenden EG-Ostpolitik. Sie wird sich in allem Wesentlichen ergeben müssen aus weitgehenden Kooperationsverträgen mit den einzelnen Staaten diesseits der Sowjetunion, mit der langfristigen, aber kaum umstößlichen Perspektive einer gesamteuropäischen Wirtschaftsgemeinschaft. Die Zusammenarbeit mit der Sowjetunion selbst kommt dann hinzu, wobei ja wohl keiner denkt, daß das europäische Haus notwendigerweise bis Wladiwostok reicht. Denn das wäre, glaube ich, nicht ganz praktisch; sonst wären wir bei alten Ideen: von San Francisco bis Wladiwostok. Das wäre dann nicht mehr ganz Europa.

Objektive Gegebenheiten machen es möglich und deutsche

Interessen sprechen dafür, daß die DDR rascher als andere an die EG heranrückt; „um die Ecke herum" war sie ja bisher schon dabei. Da das nicht unvernünftig ist, sollten wir ruhig ein bißchen nachhelfen.

Liebe Freunde, Elemente einer europäischen Friedensordnung wollen wir einmal von ihrem hohen Begriff herunterholen. Was heißt das? Elemente einer solchen Friedensordnung beginnen sich deutlich herauszubilden, als Ergebnis der Verhandlungen, die in ein System gemeinsam zu kontrollierender europäischer Sicherheit münden: Wien etc. Durch die Impulse, die von der neuen Gipfelkonferenz nächstes Jahr in Helsinki ausgehen mögen, mit einer gesamteuropäischen Umweltagentur – nicht irgendwann, sondern in der ersten Hälfte der neunziger Jahre –, hoffentlich mit so etwas wie einer gesamteuropäischen Kulturstiftung, bei voller Ausschöpfung der Möglichkeiten, über die der sich öffnende Europarat in Straßburg und die lange dahindämmernde ECE (Economic Commission for Europe) in Genf verfügen; die beiden deutschen Staaten sitzen dort jedenfalls mit am Tisch.

Alle diese institutionellen Ansätze sind zu nutzen, wenn von der europäischen Einbettung deutsch-deutscher Politik die Rede ist. Für Berlin ist zusätzlich zu bedenken, wie es eine der kommenden gesamteuropäischen Institutionen – vielleicht mehr als eine – gut bei sich aufnehmen kann, zusätzlich zu den Organen von so etwas wie der deutschen Konföderation. Europäische Friedensordnung, das heißt dann auch, daß Antworten auf jene Fragen gegeben werden, die normalerweise in einem Friedensvertrag für Deutschland zu beantworten gewesen wären.

Bei alledem ist darauf zu achten, daß die Europäer und die Deutschen in Europa die globalen Probleme nicht aus dem Auge verlieren: den Hunger und die gravierenden Entwicklungsprobleme in der Dritten Welt ebensowenig wie die weltweite Bedrohung der natürlichen Umwelt. Vielerorts – ich muß euch das in allem Ernst sagen – im Süden wird befürchtet, die neuen Aufgaben in Mittel- und Osteuropa würden auf Kosten der ohnehin mager ausgestatteten Entwicklungspolitik gehen. Diese Furcht ist nicht unbegründet. Das darf aber nicht geschehen.

Wir müssen das eine tun und dürfen das andere nicht lassen. Wenn ich von globalen Fragen spreche, so sage ich dies auch in dankbarer Erinnerung an Professor Sacharow, der heute in Moskau zu Grabe getragen wird. Unsere europäischen und globalen Perspektiven werden wir nicht einem nationalen oder gar einem nationalistischen Zeitgeist opfern. Wenn verderbliche Parolen ausgegeben werden, haben wir dem konkret europäische und multinationale Ideen entgegenzusetzen. Und sie zu verwirklichen, soweit die Kräfte reichen. Niemand wird ernsthaft bestreiten wollen, daß sich deutsche Sozialdemokraten sehr viel Mühe gegeben haben, Vorhaben der europäischen Einigung zum Durchbruch zu verhelfen. Und dabei den Ausgleich zwischen europäischen und nationalen Interessen glaubhaft zu machen.

Unsere Vorgänger haben vor erheblich mehr als hundert Jahren nicht nur der Vision eines verträglichen, miteinander verbundenen Europa angehangen; sie legten sich auch früh für die deutsch-französische Verständigung ins Zeug, während fast überall ein gefräßiger Imperialismus ins Kraut schoß. Daß sich die SPD nach dem Ersten Weltkrieg programmatisch zu den Vereinigten Staaten von Europa bekannte, das ist hier zu Recht schon einmal festgehalten worden – wenn ich auch vermute, wir würden dafür heute eine Bezeichnung finden, die weniger im 19. Jahrhundert verwurzelt wäre.

Wir waren im Untergrund, im Gefängnis und im Exil dafür, daß Europa komme. Wir haben nach dem Zweiten Weltkrieg – als Opposition und als Regierung – die Sache Europas gefördert und vorangebracht, im Westen. Da haben wir nämlich angefangen, bevor wir die Verträge machten, die Westpolitik flottzumachen. Dann kam das andere dazu. Als wir die Ostverträge erst auf den Weg und dann über die parlamentarischen Hürden brachten, taten wir es in der Überzeugung, dies diene der Sicherung des Friedens und liege gleichermaßen im europäischen wie im nationalen Interesse. Zur Konferenz von Helsinki im Sommer '75 wäre es nicht gekommen, hätten wir den Schlüssel verweigert (wie es, den meisten kaum noch erinnerlich, die damalige Opposition von uns erwartete). Wir sind mit guten Freunden in Europa und Amerika daran-

gegangen, den Gedanken gemeinsamer Sicherheit zu konkretisieren.

Mein Gedächtnis müßte mich schwer täuschen, wenn wir besonders beim letzteren, bei der Ostpolitik und der gemeinsamen Sicherheit, auf die Zustimmung oder auch nur das Verständnis derer gestoßen wären, die bei uns in der Bundesrepublik seit geraumer Zeit den Eindruck erwecken möchten, sie seien schon immer dafür gewesen. Es ist sehr gut, wenn man hinzuzulernen versteht. Aber die Drangsalierung – ich muß dies mal so nennen dürfen –, die Drangsalierung, gegen die wir uns durchzusetzen hatten, war erheblich. Sie raubte Kräfte und gefährdete Chancen. Und die Anfeindungen kamen, wie es wohl nicht anders sein konnte, aus mehr als einer gegnerischen Ecke.

Wir können jedoch stolz sein, in der Tradition derer zu stehen, die sich schon dem großsprecherischen und säbelrasselnden Wilhelminismus nicht beugten. Und was immer man der Weimarer Republik, der schwächlichen Weimarer Republik, ankreiden mag, niemand kommt daran vorbei, daß der sozialdemokratische Reichspräsident Friedrich Ebert Entscheidendes dazu beigetragen hat, daß Deutschland nach dem Ersten Weltkrieg zusammengehalten wurde. Während der Nazidiktatur haben wir den Gedanken vom anderen, europabewußten Deutschland nicht untergehen lassen. Und niemand kann bestreiten, daß Kurt Schumacher und Ernst Reuter und die anderen – einige von uns sind ja noch dabei – nach dem Zweiten Weltkrieg das ihnen Mögliche daransetzten, von Deutschland zu retten, was zu retten war. So war die Formel. So war der Inhalt der Aufgabe.

Daher haben wir uns auch nicht mit der billigen Wiederholung von Beschwörungsformeln begnügt, sind auch nicht allzu simplen Rezepten zur automatischen Wiederherstellung der staatlichen Einheit gefolgt. Wenn ich mich selbst aus dem Jahre '62 zitieren darf: „Zwischenlösungen sind denkbar. Eine Entwicklung in Etappen ist wahrscheinlicher als die Wahl zwischen These und Antithese. Die Einbeziehung legitimer Sicherheitsinteressen aller Beteiligten wird ohnehin unerläßlich sein."

Es gibt nicht mehr viel, das mich überraschen könnte. Aber wundern tue ich mich schon, wenn ich etwa den Vorwurf höre, die Sozialdemokratische Partei Deutschlands habe sich den Kommunisten angebiedert oder sich mit ihnen naiv verbrüdert. Ich könnte mehr als eine Retourkutsche fahren. Laßt mich hier nur sagen: Diese deutsche Sozialdemokratie, die ist unangefochten geblieben in ihrer Ablehnung jeder Form von Diktatur, ihrem Widerstand gegen jede Form von Gewaltherrschaft. Und worin wir immer sonst geirrt haben mögen oder womit wir unzulänglich gewesen sein mögen: Knechtschaft und Krieg haben wir nie über unser deutsches Volk gebracht. Ich füge hinzu: Verdächtigend von Anbiedern zu sprechen, ist eine unwürdige Form der Auseinandersetzung. Oder soll unsereins beginnen vorzurechnen, wer wann mit wem Hirsche und Bären jagen ging, wer sich von welchem Devisenbeschaffer und Waffenhändler einspannen ließ und wer vor wem welchen Teppich ausrollte? Nein, Anbiederungsbonbons brauchen wir uns nicht ans Jackett oder an die Bluse kleben zu lassen.

Freilich, angesichts von Kaltem Krieg und Eisernem Vorhang gab es Vorgänge, die man Deutschlands und des Friedens wegen nicht liegen lassen durfte, sondern um die man sich auch mit schwierigen Partnern – Gegnern/Partnern – zu bemühen hatte. Und deutsche Sozialdemokraten hatten einen wesentlichen Anteil daran, daß einer großen Zahl bedrängter Landsleute geholfen werden konnte, daß die beiden Staaten noch vor den jüngsten Veränderungen einander nicht im Weg standen, wo es um Rüstungsabbau in Europa ging, daß man beginnen konnte, auch über tiefgreifende Meinungsverschiedenheiten zivilisiert miteinander zu reden.

Wichtig erscheint mir, der grundsätzlichen Bedeutung nachzugehen, die dem katastrophalen Scheitern kommunistischer Parteien, auch wenn sie sich anders nannten, zukommt. Waren es etwa, wie einige sagen, im wesentlichen „Abweichungen" von der rechten linken Lehre, die sie im Abgrund oder hart an dessen Rand landen ließen? Nein, daß Stalinismus und dessen Verlängerung in Wirklichkeit Antisozialismus waren, hat sich selbst in Rußland herumgesprochen. Und für den Stasiismus gilt Entsprechendes.

Sich über das Volk zu erheben, die breiten Schichten geringzuschätzen, das war in einer Ausprägung der frühen russischen sozialistischen Bewegung angelegt, so auch die absurde Vorstellung, auf Wirtschaft wie auf Staat Regeln zu übertragen, die militärischen Reglements entlehnt waren. Es war ein schweres Versäumnis, nicht noch energischer, als wir es getan haben, dagegen angegangen zu sein, daß der Begriff Sozialismus für diktatorische Herrschaftsformen und Kommandowirtschaft in Anspruch genommen wurde. Auch Leuten, denen solche Klarheit zuwider ist, muß eingehämmert werden: Die geistige Fundierung der freiheitlichen Sozialdemokratie unterscheidet sich nicht graduell, sondern ist etwas prinzipiell anderes als die eines autoritären Kollektivismus. Und einen Sozialismus, der keiner war, konnte man auch nicht reformieren. Historisch bemerkenswert bleibt die im wesentlichen gewaltfreie Ablösung und Selbstaufgabe jener Parteien und Regime, die durch sowjetische Hilfe an die Macht gekommen waren und allzu lange dort belassen wurden. Da nun erwiesen ist, daß jener Weg eine Sackgasse war, ist schwer zu verstehen, wozu ein dritter Weg empfohlen wird.

Wer die Verhältnisse in der DDR auch nur einigermaßen

kennt, weiß, daß nicht nur die Häuser neue Farbe bitter nötig haben, sondern daß vor allem der Anschluß an moderne technische Möglichkeiten und zeitgemäße Formen des Wirtschaftens dringend gewonnen werden muß. Der Teil Deutschlands, den heute die DDR ausmacht, hat die Chance, im nächsten Zeitabschnitt einen großen Schritt nach vorn zu tun. Die Erneuerung von Produktionsapparat und Infrastruktur erfordert – anders geht das gar nicht – vielfältige Kooperation mit fortgeschrittenen westdeutschen oder europäischen Unternehmen und Institutionen. Diese Zusammenarbeit kann nur gedeihen, wenn nicht geringgeschätzt wird, was drüben unter von Beginn an schwierigen Bedingungen zustandegebracht wurde. Diese Kooperation darf nicht geprägt sein durch gleichschaltende Überheblichkeit; sie muß von partnerschaftlichem Denken getragen sein, und eine solche Perspektive wird es vielen noch lohnender erscheinen lassen, dort zu bleiben und zu wirken, wo sie zu Hause sind.

Kapitalismus mit menschlichem Antlitz sei besser als Sozialismus ohne – so höre ich es aus dem sozialdemokratischen Schweden. Doch das stimmt ja auch nur, wenn man es durchgehen läßt, als Sozialismus zu bezeichnen, was den Menschen vermeidbare Not aufhalst und ihnen tatsächlich die Chance nimmt, ein wachsendes Maß an Freiheit, Gerechtigkeit und Solidarität zu erfahren. Diese Chance nicht zu zerstören und nicht zu verbauen – dafür steht die Sozialdemokratie.

Ich sage: Die SPD ist wieder da, auch in Sachsen, Sachsen-Anhalt, in Thüringen, in Mecklenburg und in dem, was von Preußen übriggeblieben ist. Die Sozialdemokratie erlebt ihre Wiedergeburt zugleich in jenen anderen Teilen Europas, in denen sie während der zurückliegenden Jahrzehnte verfolgt und in Zwangsjacken gesteckt worden war. (Es wird dabei noch manche Zersplitterung geben; das läßt sich bei Neuanfängen selten vermeiden.) Engagierte Frauen und Männer gehen neu ans Werk in Warschau und in Prag, in Budapest und in Sofia und vielerorts sonst. Auch an manchen Stellen in der Sowjetunion wird jetzt häufiger, als man es noch zur Kenntnis nimmt, auf sozialdemokratische Gedanken zurückgegriffen.

Im Revolutionsjahr 1989 drängt nicht länger nur der sozialdemokratische Gedanke zur Wirklichkeit, es drängt nunmehr auch die Wirklichkeit zum sozialdemokratischen Gedanken. In der Ta. die Wirklichkeit drängt zum Gedanken, das noch Sperrige ist das Sperrfeuer von Ewiggestrigen. Sozialdemokraten, zumal deutsche Sozialdemokraten, werden wichtige Beiträge auf dem Weg zu leisten haben, der jetzt vor uns liegt, durch die Menschen nicht überfordernde Ansprüche an Herz und Kopf. Ich wähle diese Reihenfolge.

Nicht zum erstenmal kann die SPD über das eigene Land hinaus eine bedeutende, manchmal sogar bahnbrechende Rolle spielen. Als Hauptwidersacher der Kommunisten war die Sozialdemokratie mehr als andere prädestiniert, das geistige Gefecht gegen sie zu führen. Gleichzeitig hatten wir die ökonomische Rationalität des Westens an die Grundwerte zurückzubinden und den Sozialstaat entwickeln zu helfen, und darin sind wir in West-, erst recht in Nordeuropa ein Stück vorangekommen. Nur: Die neue Kultur des Zusammenlebens und Zusammenwirkens, die war in einer Welt des waffenstarrenden Ost-West-Gegensatzes weder im Innern noch in den äußeren Beziehungen hinreichend zu verwirklichen.

Das Zerbrechen der alten Ost-West-Feindschaft hat mehr als die Berliner Mauer in die Bereiche des Musealen befördert, auch Mauern zwischen manchen veralteten Gedanken und neuer Wirklichkeit. Die neue Wirklichkeit drängte zu Gedanken der Einheit, der Zusammenarbeit und der sozialen Demokratie. Ein sozialdemokratisches Jahrhundert kann dieses leider nicht mehr werden, aber von uns stark mitgeprägte neunziger Jahre, das erscheint in greifbare Nähe gerückt. Die Gefährdungen sind nicht zu Ende, aber die Absurditäten vom Ende der Geschichte sind zu Ende, haben auch nicht lange gedauert, einen Sommer und einen Herbst. Nein, alternativlos geht die Geschichte nicht zu Ende, und es lohnt sehr, an vernünftigen Alternativen mitzuwirken. Ich wünsche mir meine Partei ein weiteres Mal als einigende Kraft in unseren Landen und als demokratische Gewährsmacht für Europa in Deutschland.

Frieden nach aussen und nach innen

Gotha, Gründungs-Parteitag der SPD Thüringens, 27. Januar 1990

Daß ich keinen Sinn für Parteien hätte, zumal für die eigene, kann mir keiner nachsagen. Trotzdem ist mir heute angesichts der Probleme, die Ihr in diesem Teil Deutschlands vor Euch habt und die wir miteinander zu bewältigen haben werden, nach überzogener Parteilichkeit nicht zumute. Doch rechtsstaatliche, parlamentarische, freiheitliche Demokratie kommt ohne politische Parteien nicht aus. Dabei gilt es von Anfang an zu bedenken: Partei ist schon dem Wortsinn nach Teil des Ganzen. Und zu dem vielen anderen, was wir der SED nachzurufen haben, gehört ja, daß sie genau dies nicht verstanden und gewollt hat. Sie hat sich mit dem Ganzen gleichgesetzt, hat den Staat vereinnahmt und hat damit auch die Menschen entmündigt und mißhandelt. Sie hat sich einen Staat gehalten, der Andersdenkende ausschaltete oder gar verfolgte und den Bürgern Unmündigkeit und Gängelung zumutete. Genau das darf nicht wiederkommen.

Deshalb sagt bitte den Menschen hier: Wer jetzt weggeht, nimmt jeweils eine Stimme mit! Aber hier bedarf es jeder Stimme!

Der Sinn der Revolution, die bei weitem nicht abgeschlossen ist, dieser Sinn bliebe unerfüllt, mündete sie nicht in eine stabile demokratische Ordnung, in der soziale Verantwortung großgeschrieben wird, und die Sozialdemokraten sind nunmal dazu da, ihrem Volk auf einem solchen Weg gute Helfer und möglichst zuverlässige Wegweiser zu sein.

Für mich ist es bewegend, mich mit Ihnen und Euch auf historischem Boden zu befinden. Hier fand ja nicht nur im Mai 1875 der Vereinigungsparteitag mit den damals 130 Delegierten statt, auf dem – nebenbei gesagt – August Bebel nicht zum Vorsitzenden, sondern zum Vorsitzenden der Kontrollkommission gewählt worden ist. Schon 1869 war der Parteitag der Bebel- und Liebknecht-Anhänger mit einem Teil der Lassalleaner in Eisenach gewesen. Und nach 1875 folgten in Gotha die Parteitage '76 und '77, weil das politische Klima hier ein angenehmeres war als in anderen Teilen Deutschlands. Man konnte hier freier reden, man war nicht polizeilichen Verfolgungen ausgesetzt wie anderswo. 1896, bevor das Jahrhundert zu Ende ging, war der Parteitag noch einmal in Gotha. 1917, während des Weltkrieges, fand in Gotha auch die Gründung der Unabhängigen Sozialdemokratie statt, nachdem man sich über die Haltung zum Krieg nicht hatte einig werden können. Ihr könnt stolz sein auf die Geschichte, an die Ihr ja nicht anknüpfen könnt, aber die Ihr wieder aufleben lassen könnt, wozu ich ermutige, stolz sein gerade auf die sozialdemokratische Tradition in diesem Teil Deutschlands.

Seien wir ehrlich, auch wenn wir zurückblicken: Die Geschichte der Sozialdemokratischen Partei Deutschlands ist nicht frei von Irrtümern oder Fehlern. Aber eines können wir zumindest sagen: Krieg und Zwangsherrschaft haben wir nie über unser Volk gebracht! Und so man uns oder unsere Vorväter, Großväter und Großmütter, hat gewähren lassen, haben wir Sozialdemokraten geholfen, daß aus böse ausgebeuteten Arbeitern und rechtlos gemachten Frauen selbstbewußte Staatsbürger und Staatsbürgerinnen wurden. Daran gilt es anzuknüpfen, und gerade deshalb betrübt es mich tief, wenn einige weit übereifernde Politiker im deutschen Westen meinen, nichts Besseres zu tun zu haben als zur

Bekämpfung der Sozialdemokraten ausgerechnet in der DDR aufzurufen. Und ich kann auch nicht verstehen, daß dieser Tage ein nicht mehr ganz unbekannter Rechtsanwalt aus einer der Oppositionsgruppen der DDR seinen Platz am runden Tisch zu Pilgerfahrten in die Bundesrepublik verläßt, bei denen er die Sozialdemokraten mit unwahren Behauptungen anschuldigt. Was der Rechtsanwalt z. B. in der Nähe meines jetzigen Wohnorts geboten hat, schmäht das Opfer, das viele Verfolgte und Bedrängte in der DDR auf sich genommen haben. Das ist nicht in Ordnung, und das ist – wenn ich das so sagen darf – kein demokratischer Aufbruch mehr, sondern das ist allenfalls zänkisch-kleinbürgerlicher Aufguß.

Ich möchte gern noch ein paar Bemerkungen zur Einheit machen, zu dem, was jetzt ansteht in den nächsten Monaten, was jetzt unbedingt geschehen muß, und zur Sozialdemokratie. Laßt es mich so kurz wie irgend möglich machen: Einheit ist, was die Menschen angeht, ja nie ganz verlorengegangen, und sie nimmt jeden Tag neue Gestalt an. Wenn man rüberkommt und wenn man so viel Freundlichkeit begegnet, dann spürt man: Die vielen Menschen sind wieder nahe beieinander. Aber nun kommt es darauf an, welche staatliche Form das annimmt. Also mit dem „Wieder" ist das nicht getan. Denn „Wieder" heißt ja, zu etwas zurückkehren wollen. Die „Wieder" sagen, übersehen ja, daß das nicht mal im Grundgesetz der Bundesrepublik Deutschland von 1949 steht. Da steht „Selbstbestimmung", da steht „Einheit" und „Europa". Das sind die drei Motive, die drei Orientierungspunkte, und sie sind gleichermaßen wichtig.

Was nun fällig ist, ist Klarheit darüber, wie es oben weitergehen soll – nicht nur im Verhältnis zwischen den Menschen und den Volksteilen. Wir brauchen Klarheit darüber, wie die beiden Staaten – nicht irgendwann, sondern in diesem oder den nächsten paar Jahren – in einen Zustand guter, produktiver Zusammenarbeit geraten und welche Art von gemeinsamem Dach wir darüber errichten. Ich finde, es vergeht ein bißchen viel Zeit, bevor Worthülsen mit Inhalten versehen werden. Seit November hören wir etwas über eine Vertragsgemeinschaft, über konföderative Strukturen. Wir möchten wissen – von beiden Regierungen, ohne sie natürlich miteinander zu vergleichen –: Wann werden Nägel mit Köpfen gemacht? Welche Art von gemeinsamen Institutionen, um die Wirtschaft voranzubringen? Welche Schritte hin zur Währungsunion, ohne daß die Sparer und andere dabei vollends unter die Räder kommen? Welche Schritte für gemeinsame Infrastruktur und Umweltvorhaben, nicht irgendwann, sondern jetzt, in diesem Jahr noch? Welche neue Form kultureller, wissenschaftlich-technischer Verflechtung und Verzahnung zwischen den beiden Teilen? Ich stimme dem Vorsitzenden der bayerischen Sozialdemokraten zu, daß dabei die Länder eine große Rolle zu spielen haben. Und ich sage Euch: Die deutsche Einheit, die wächst, wird föderalistisch, d. h. auf die Länder gestützt, oder sie wird nicht sein. Und ich füge hinzu: Die deutsche Einheit wird europäisch eingebettet, oder sie wird nicht sein.

Ich muß Euch nicht sagen, von wievielen Nachbarn wir umgeben sind. Es sind neun, mehr als alle anderen europäischen Staaten haben. Die indirekten Nachbarn kommen hinzu. Und dann sind natürlich für uns auch Mächte außerhalb Europas nicht ohne Belang. Die Einheit Deutschlands, wir werden sie nur mit unseren europäischen Nachbarn erreichen oder nicht. Aber ich sage ebenso offen – man muß nämlich auch mit Nachbarn ehrlich umgehen –: Das bedeutet nicht, daß der deutsche Zug willkürlich angehalten werden kann durch diejenigen, die sich hinter Europa verstecken, um Deutschland zu verhindern. Das geht auch nicht.

Johann Gottlieb Fichte – aus der Oberlausitz kommend, Professor in Jena, bevor er nach Berlin weiterzog – hat einmal geschrieben:

> „Und handeln sollst du so, als hinge
> von dir und deinem Tun allein
> das Schicksal ab der deutschen Dinge
> und die Verantwortung wär' dein."

Das ist ein schöner Gedanke; schön formuliert auf die deutschen Dinge bezogen. Aber damals wie heute ist es wohl eher so, daß zwar viel von uns selbst abhängt, aber daß wir zugleich in hohem Maße abhängig – aber auch in der Verantwortlichkeit! – sind für das, was aus Europa wird. Dies ist wichtig, aber das wird nur gelingen, wenn die Revolutionen in den Gebieten zwischen der Sowjetunion und der Bundesrepublik Deutschland nicht in nationalistische Rückfälle führen. Die Gefahr ist in mehr als einem Falle gegeben.

Ich denke, Ihr versteht, warum wir in der Bundesrepublik sagen, wir wollen die EG nicht stoppen. Bei dieser Sache sind wir einig mit denen, die heute regieren. Die Europäische Gemeinschaft soll sich entwickeln und soll sich dann auch erweitern können. Wir gehen nicht raus aus der NATO, so, wie die Dinge jetzt liegen in der Welt, sondern erst dann, wenn ein neues europäisches Friedenssystem entwickelt ist. Nun kenne ich die Bedenken mancher, dieses Deutschland, wie immer das staatliche Dach aussieht, könnte doch zu stark werden. Ich meine zum Beispiel einen französischen Minister, dessen Intelligenz ich sonst hoch einschätze, der sagt, Deutschland dürfe ökonomisch nicht zu stark werden. Da halte ich es als Replik mit jenem renommierten Harvard-Professor, der sagt, ein ökonomisch starkes Deutschland sei ihm lieber als ein ökonomisch schwaches. Und jemand aus meiner Generation weiß: Das deutsche Unglück ist nicht gekommen, weil es uns wirtschaftlich gut ging, sondern weil es uns wirtschaftlich miserabel ging. Die deutsche Demokratie ist dann besser dran, wenn wir uns auf eine gute Wirtschaft stützen können.

Dann gibt es da noch die, die fragen: Darf man einen so relativ großen Staat – gemessen an den anderen – wie die DDR schlucken? Darf man sich hier über die Grenzziehung hinwegsetzen? Manche führen sogar Helsinki ins Feld. Ich sage euch: Helsinki 1975 enthält den Grundsatz, daß Staaten einvernehmlich ihre Grenzen verändern können. Und daran hatten wir gedacht damals, auf Deutschland bezogen. (Ganz abgesehen davon, daß jener recht hat, der sagte, eine Wiederholung der deutschen Geschichte verhindere man jedenfalls nicht dadurch, daß man einen Staat künstlich am Leben erhält, der keine innere Notwendigkeit hat, so, wie er zustande kam und sich entwickelt hat.) Man muß über neue Formen, Konföderation oder wie immer Ihr es nennen wollt, nachdenken.

Ich habe schon gesagt, was meiner Meinung nach in den nächsten Monaten geschehen müßte. Ich kann das jetzt nicht ausmalen. Ich lese dieser Tage das neue Buch des kolumbianischen Schriftstellers und Nobelpreisträgers García Márquez. Da läßt er seinen Helden Simon Bolivar, den Befreier Lateinamerikas Anfang des vorigen Jahrhunderts, sagen: Die Einheit hat keinen Preis. Das kann doch wohl nur heißen: Wir lassen sie uns nicht abkaufen. Aber sonst wird das was kosten, eine Menge wird es kosten! Aber wo ich die Gelegenheit dazu habe, sage ich meinen Landsleuten im Westen: Wir müssen es uns was kosten lassen! Erstens, weil es der gemeinsamen Zukunft dienen wird und denen, die nach uns kommen. Und zweitens, weil es nicht mehr als recht und billig ist, daß wir einen Teil der Lasten ausgleichen, die dieser Teil Deutschlands für uns mitgetragen hat. Und deshalb müssen wir füreinander einstehen.

Ich warne dringend vor falschen Alternativen. Als ob das Nationale oder das Soziale getrennt anzugehen und zu lösen wäre. Oder das Nationale und das Europäische und das Globale. Ich will nur noch hinzufügen: Es ist dringend geboten, daß der Umbruch gewaltfrei zu Ende geführt wird, und es ist dringend geboten, alles zu vermeiden, was Reibereien mit den fremden Truppen auf dem Boden der DDR zur Folge hätte. Die werden ja im übrigen nicht immer da bleiben. Nicht so lange, wie wir noch vor kurzem vielleicht angenommen haben. Deren Zahl wird jetzt runtergehen, und dann werden sie eines Tages – ähnlich wie aus Ungarn und der Tschechoslowakei – zurückfahren. Und die Leute werden ihnen alles Gute wünschen.

Es klang ja schon an: Zu den verschiedenen Faktoren, die die europäische Revolution im Revolutionsjahr 1989 möglich machten, gehört ganz gewiß Michail Gorbatschow mit seiner Perestroika, die hart bedroht ist. Deshalb müssen wir wirklich alles Mögliche tun, damit diesem wichtigen, schwierigen Prozeß östlich von uns mit Aufgeschlossenheit und mit Kooperationswillen begegnet wird.

Schließlich: Wie wissen ja miteinander, daß einer der prinzipiellen Unterschiede zwischen Sozialdemokraten und Kommunisten immer war: Im Zweifelsfall steht die Freiheit vor allem anderen. Die freiheitliche Sozialdemokratie ist eben nicht die Fortsetzung des hier fälschlich so genannten Sozialismus mit anderen Mitteln, weil freiheitliche Sozialdemokratie soziale Gerechtigkeit und Freiheit für die Menschen garantiert. Wir können nicht die Opfer vergessen, die von 1945, vor allem in den Jahren nach '46, nicht den Vorgang der Zwangsvereinigung einfach zu den Akten legen. Die Wahrheit muß auf den Tisch! Den Opfern muß Gerechtigkeit widerfahren! In unbefugte Hände darf nicht geraten, was zur materiellen Substanz dessen gehört, woran ich erinnere.

Aber ich sag euch auch dies, wenn ich es denn darf: Natürlich gehören Leute, die sich schwer vergangen haben oder schwerer Korruption überführt werden, hinter Schloß und Riegel. Aber ich habe ein ganz ungutes Gefühl, wenn viele derer, die immer dabeigesessen haben, jetzt glauben, durch die Jagd auf Sündenböcke nicht nur von sich abzulenken, sondern auch die Lehre reinhalten zu können, indem sie Fehler allein an Personen festmachen. Unter denen, die in der Einheitspartei waren, sind ja auch arme Teufel, für die das in ihrem Verständnis mit ihrem Job zusammenhing oder damit, ob der Junge oder die Tochter auf die Oberschule kam. Und was es sonst da alles gegeben hat. Das muß Bitterkeit hinterlassen. Aber ich wünsche mir, daß diese so schön friedliche Revolution – fröhlich ist sie ja vielerorts gewesen –, auch in die Geschichte eingeht als eine generöse. Das heißt, die Schlimmen sich vornehmen und dann irgendwann, wenn der Punkt gekommen ist, sich durchringen zu der Erkenntnis von Abraham Lincoln nach dem amerikanischen Bürgerkrieg, als er gesagt hat: „A house divided against itself cannot stand" – Ein in sich gespaltenes Haus kann nicht bestehen. Dies gilt nun in doppeltem Sinne – für das geteilte Deutschland und für das Wiederzusammenwachsen der Menschen dieser und der nächsten Generation in einem Land, das so Schweres durchgemacht hat wie die DDR. Brecht, den man in solchem Zusammenhang ganz gewiß zitieren darf, hat gesagt, „verfolgt das kleine Unrecht nicht zu sehr." Also, ich empfehle hierüber nachzudenken, und laßt uns nach notwendiger Abrechnung miteinander vornehmen, daß wir Frieden haben wollen. Nach außen und nach innen.

Die Form der deutschen Einheit

Eisenach, vor dem Rathaus. 27. Januar 1990

Liebe Eisenacher, liebe Thüringer, liebe Landsleute!
Ich denke, wir spüren hier miteinander auf diesem Platz, in dieser gewaltigen Teilnahme der interessierten Bürgerinnen und Bürger: Ja, es ist wahr, es wächst zusammen, was zusammengehört! Ich komme eben von der Wartburg. Dort habe ich mich wichtigen Etappen der deutschen Geschichte ganz nahe gefühlt. Aber jetzt geht es nicht um Geschichte, jetzt geht es darum, wie wir die ganz nahe Zukunft so miteinander gestalten können, daß es gut ist für die, die jetzt leben, und die, die uns unmittelbar folgen. Ich bin zuversichtlich.

Ich war heute morgen auf einem Parteitag in Gotha, auf dem die thüringische Sozialdemokratie wiederbegründet wurde, und ich hab mich dort wohl gefühlt. Aber ich spreche zu Ihnen hier an diesem Nachmittag nicht in erster Linie als der Mann einer Partei, sondern als Deutscher aus dem Westen zu den deutschen Landsleuten aus Thüringen.

Wenn man eine rechtsstaatliche, freiheitliche Demokratie gestalten will, dann geht das nicht ohne Parteien – ich meine solche, die diesen Namen verdienen. Die SED war gar keine Partei, schon dem Wortsinn nach. Denn Partei bedeutet, Teil des Ganzen zu sein und sich so gut wie möglich dem Ganzen verantwortlich zu fühlen. Die SED hat sich das Ganze untertan gemacht, hat den Staat besetzt, hat die Menschen gegängelt, unmündig gemacht, viele mißhandelt, und das darf nie wiederkommen.

Ich sage hier ganz offen: Wir Deutschen haben – was noch nicht überall in der Welt verstanden wird – Anspruch auf Zusammenhalt, auf Einheit, und die jüngere Generation hat es allemal. Wir haben dieses Recht, aber wir müssen auch wissen, daß wir nicht allein auf der Welt leben.

Nun ist hier auf einem Transparent von Volksentscheid die Rede – einem Transparent, mit dem ich mich nahe verbunden fühle, weil ja auf ihm von „Hand in Hand für ein einig Vaterland" die Rede war. Ich glaube fast, ein Volksentscheid darüber braucht gar nicht stattzufinden, denn die Menschen in der DDR sind für das, was dort gefordert wird. Nur, damit allein hätten wir ja nicht die Einheit! Denn wenn wir die Bestätigung hätten, daß die Menschen in der DDR das wollen – woran ich keinen Augenblick zweifle –, dann müssen wir uns verständigen: Wie geschieht das, wie rasch, in welchen Abschnitten, in welchen Etappen, nicht irgendwann, sondern in den nächsten wenigen Jahren, die vor uns liegen.

Davon handelt jetzt deutsche Einheit. Sie handelt von dem Zusammenrücken der Menschen und von der Schaffung nicht bloß palavernder, sondern praktisch arbeitender gemeinsamer Organe für die beiden Teile. Also ich finde, was seit November besprochen wird, sei es in Ost-Berlin, sei es jetzt in Bonn, das dauert schon ein bißchen lange. Das geht schon ein Vierteljahr. Da ist von einer Vertragsgemeinschaft die Rede, da ist von föderativen Strukturen die Rede – es wird langsam Zeit, daß die Worthülsen mit Inhalten gefüllt werden. Was soll praktisch passieren mit der Wirtschaft? Mit der Währung? Es müssen, das sage ich nicht nur denen, die übernächste Woche von Ost- Berlin nach Bonn reisen – wahrscheinlich schon mit ein bißchen anders zusammengesetzter Übergangsregierung –, das sage ich auch der Bundesregierung in

Bonn: Es müssen jetzt bald Nägel mit Köpfen gemacht werden! Welche Art von Impulsen soll ausgehen von der deutschen Wirtschaft, doch wohl gefördert durch die Bundesrepublik Deutschland, damit es wirtschaftlich möglichst rasch vorangeht?

Da gibt es ganz kluge Leute, die sagen, viele, die in der DDR Einheit fordern, meinen in Wirklichkeit Wohlstand. Als ob das so schlimm wäre! Warum haben die Menschen in der DDR nicht den Anspruch darauf, in nicht zu ferner Zukunft den Lebensstandard zu erreichen, den wir in der Bundesrepublik erreicht haben, wohl wissend, daß es auch bei uns im deutschen Westen noch manche Unebenheiten, noch manche ungelösten sozialen Fragen gibt? Es muß klar werden, was noch in diesem Jahr geschehen kann und was im nächsten Jahr.

Möglichst rasch müssen wir zu einer Währungsgemeinschaft kommen. Auch da muß klar werden, was jetzt schon auf kurze Sicht geht und was noch ein paar Jahre dauert. Bei der dann notwendigen Währungsangleichung muß aufgepaßt werden, daß die vielen arbeitsamen Sparer dabei nicht unter die Räder kommen. Der Gesichtspunkt der sozialen Gerechtigkeit muß auch bei diesem Stück Einheit respektiert werden.

Manche Leute – auch in Bonn und anderswo, übrigens auch im Ausland – sprechen von Wiedervereinigung und melden dagegen ihre Bedenken an. Ich schlage vor, daß wir das „Wieder" mal in die Schublade legen. Nichts wird wieder so, wie es früher war. Und wir wollen ja auch überhaupt nicht, daß wir eine frühere Gewaltherrschaft wiederbekommen. Wir wollen anknüpfen an die guten Abschnitte deutscher Geschichte – nebenbei gesagt, in Thüringen sind einige Blätter einer guten deutschen Geschichte geschrieben worden, ich weiß das wohl – wir wollen daran anknüpfen, und wir wollen Einheit. Übrigens: Auch im Grundgesetz der Bundesrepublik Deutschland steht nicht „Wiedervereinigung", auch wenn ein hohes Gericht dies so ausgelegt hat, sondern es steht drin Selbstbestimmung, und das gilt für die Menschen in der DDR wie für uns in der Bundesrepublik. Von der Selbstbestimmung der Deutschen spricht das Grundgesetz, es spricht von Einheit, und es spricht von Frieden und Europa. Wir wollen eine solche Form der deutschen Einheit, die dem Frieden dient und die dem Ausgleich mit unseren europäischen Nachbarn förderlich ist. Deshalb: Glaubt nicht an Zauberformeln, mißtraut manchen staatsrechtlichen Finessen, sondern laßt uns miteinander sagen: Einheit wollen wir, Einheit der Menschen, Zusammenrücken der Staaten, einheitliches Wirtschaftsgebiet, einheitliches Währungsgebiet und die ganz schwierige, aber absolut notwendige Angleichung der sozialen Ordnung unserer Staaten.

Dieses Zusammenwachsen, dieses neue Herausbilden der deutschen Einheit geht auch nicht ohne die deutschen Länder. Ich bin meinen Freunden in der DDR dankbar dafür – heute wollen dann, wie das so geht, alle schon immer dafür gewesen sein –, daß sie schon, als sie sich im Sommer in Schwante zusammenfanden, gesagt haben, die deutschen Länder müssen wieder her! Also nicht nur Sachsen den Sachsen, sondern auch Thüringen den Thüringern, und die Länder in diesem Teil Deutschlands müssen mit den Ländern drüben, von Schleswig-Holstein bis nach Bayern herunter, alle vernünftigen Formen der Zusammenarbeit eingehen. Ich sage voraus: Die Ministerpräsidentenkonferenz wird eher ein gesamtdeutsches Organ sein als eine gemeinsame Regierung. Ich sage auch, ein gemeinsames parlamentarisches Gremium, wie es übrigens in der etwas windigen Formel der Vertragsgemeinschaft angelegt ist, wird kommen müssen, und zwar paritätisch besetzt. Das parlamentarische Gremium zwischen den beiden Teilen Deutschlands muß hervorgehen zur Hälfte aus der Volkskammer, die Sie wählen werden, und aus dem Deutschen Bundestag.

Es ist schrecklich wichtig, durch die Wahl zu sichern, daß es keine Rückfälle gibt, sondern daß die friedliche Umwälzung, die friedliche Revolution gesichert und vollendet wird. Da ist ja noch eine Menge aufzuräumen – wie ich hoffe möglichst gewaltfrei, möglichst fair, aber ordentlich. Und da, wo es sein muß, muß eben auch energischer durchgegriffen werden, als das bisher möglich war. Aber ich sage, und zwar noch einmal über Parteigrenzen hinweg: Es ist unglaublich wichtig, daß es bei der Wahl eine hohe Beteiligung gibt. Darauf sieht nicht nur der deutsche Westen. Wie deutlich der Wille der Menschen, der Staatsbürgerinnen und

Staatsbürger in der DDR, formuliert wird, darauf sehen wichtige Kräfte in Europa sowie in West und in Ost. Das sage ich auch an die Adresse der jungen Landsleute, die immer noch überlegen, ob sie nicht doch rübermachen sollen, und die ich ja nicht tadle. Wenn ich hier gewesen wäre und jung gewesen wäre, hätte ich mich vielleicht auch gefragt: Warum sollst du dir eigentlich Chancen entgehen lassen? Ich tadle das nicht. Ich breche über keinen den Stab. Ich sage nur, wer jetzt weggeht, ohne daß er muß, der nimmt auch seine Stimme mit. Der fehlt bei der Wahl.

Unabhängig von der Wahl braucht Ihr neue realistische Hoffnungen. Es kann nicht in ganz kurzer Zeit alles so voranbewegt werden, wie man es möchte. Das wären Luftschlösser, von denen ist nicht viel zu halten. Es ist bitter notwendig, neue realistische Hoffnung zu begründen, denn wir wollen nicht, daß auf chaotische Weise Wiedervereinigung darauf hinausläuft, daß wir uns alle in Westdeutschland wiederfinden. Vereinigung muß doch bedeuten, daß die deutschen Landschaften, die heute zu Deutschland gehören, die Menschen, die dort leben, aus ihrer jeweiligen Heimat heraus das Gemeinsame mittragen und mitgestalten.

Ich sage zusätzlich noch etwas, was ich eigentlich mehr in Westdeutschland sagen müßte als hier, aber ich sage es dort auch: Jeder von uns, der Verantwortung trägt und über deutsche Einheit nicht nur Reden hält, muß wissen, daß das nicht umsonst zu haben ist. Der deutsche Westen muß materiell einen großen Beitrag dazu leisten. Das nenne ich übrigens nicht Hilfe. Ich nenne das füreinander einstehen, wie es sich in schwierigen Zeiten gehört, und ich nenne das auch einen Teil der Last abnehmen, die die Landsleute in der DDR für uns in Westdeutschland mitgetragen haben. Die Menschen in der DDR haben den Krieg nicht mehr verloren als die in der Bundesrepublik. Sie haben das kürzere Los gezogen. Ihnen ist unendlich viel mehr an Lasten aufgebürdet worden. Dies muß mit zugrundegelegt werden, wenn wir über den Neuanfang, die neue Zusammenarbeit uns im klaren werden.

Ich möchte gerne noch folgendes sagen an diesem Nachmittag hier in Eisenach: Es ist ja ziemlich lange her, seit ich hier auf der Fahrt nach Erfurt am 19. März 1970 durchgefahren bin. Ich komme übrigens wieder nach Erfurt, und nach Weimar gehe ich auch an dem Tag, und so wird man sich noch verschiedentlich in diesen Wochen und Monaten, die vor uns liegen, sehen. Ich knüpfe noch einmal an meine Bemerkung an, daß ich nicht in erster Linie als Parteimann zu Ihnen nach Eisenach gekommen bin, obwohl Eisenach und Thüringen auf eine stolze Tradition zurückblicken können, auch wo es sich um jenen Teil deutscher demokratischer Geschichte handelt, den die alte gute Arbeiterbewegung dargestellt hat.

Hier in Eisenach kamen im August 1869 die Anhänger des Drechslermeisters August Bebel aus Leipzig und ein Teil der Anhänger des Dr. Ferdinand Lassalle mit einem Braunschweiger namens Wilhelm Bracke an der Spitze im „Hotel zum Mohren" zusammen und gründeten die Sozialdemokratische Arbeiterpartei. Viele Städte im schönen Thüringen sind mit diesem Stück deutscher Geschichte verbunden. Eisenach und Gotha und Erfurt – in vielerlei Hinsicht fährt man von Stadt zu Stadt durch die Geschichte der deutschen Sozialdemokratie und des deutschen Protestantismus. Damals waren Teile Thüringens dem übrigen Deutschland ein Stück voraus. 1869 sagte Bebel nach einer Reise durch Thüringen vor jenem Kongreß, hier wehe ein frischerer Wind, hier sei es offener, hier brauche man keine Willkür zu befürchten. Und er konnte die Polizei bitten, für einen ungestörten Verlauf des Kongresses zu sorgen. Auch die Ordnungsmacht hat also in Thüringen eine bessere Tradition als anderswo – ich sag das mal als Vorbild für künftige Zeiten.

Ich erwähnte die Zugfahrt an jenem Märztag des Jahres 1970; da durften die Leute eigentlich gar nicht freundlich sein. Heute sind sie wirklich sehr freundlich, sie haben sich auch dieses Recht erkämpft. Ich erinnere mich, wie damals trotzdem an den Fenstern entlang der Bahnstrecke viele Frauen standen und winkten, und aus manchem Betrieb hatten sich die Arbeiter versammelt und winkten. Und vor dem „Erfurter Hof" war es ja auch bewegend.

Warum erinnere ich jetzt daran? Weil ich mich selbst erinnere, wie unglaublich schwierig es gewesen ist, auch nur kleine Fortschritte zu machen. Dieses Ringen um kleine Schritte, ein bißchen mehr Bewegungsfreiheit, hier und da mal jemand aus dem Gefängnis heraushelfen helfen, aber auch dafür zu sorgen, daß die beiden deutschen Staaten in Wien bei den Abrüstungsverhandlungen einander nicht im Wege stehen würden – unglaublich mühsam ist das alles gewesen! Es ist auch manchmal mißverstanden worden, aber das ändert nichts. Wichtige Dinge müssen getan werden. Aber ich sag nicht erst heute, an diesem 27. Januar, sondern ich habe am 1. September 1989 vor dem Deutschen Bundestag gesagt: Die Phase der kleinen Schritte ist zu Ende. Jetzt machen wir größere Schritte miteinander. Die kleinen Schritte, die sollten den Frieden bewahren helfen, Spannungen abbauen. Jetzt sind wir in einer Phase, in der es möglich wird, auf beiden Seiten, in beiden Teilen Europas, in beiden Teilen Deutschlands Rüstungen abzubauen, damit Gefahren zu vermindern und Mittel freizusetzen, die für vernünftigere Zwecke eingesetzt werden können.

Wir dürfen allerdings nicht vergessen, daß es in vielen Teilen der Welt den Menschen schlechter geht als bei uns. Auch da müssen wir was tun. Wenn jetzt der Westen ziemlich viele Mittel aufwenden muß, um in diesem Teil Deutschlands, auch in Polen und der Tschechoslowakei, die Dinge voranbringen zu helfen, dann darf das nicht auf Kosten der Hungerleidenden in anderen Teilen der Welt gehen. Wir tun schon zu wenig. Wir müssen das eine tun und dürfen das andere nicht lassen. Ich bin den Kirchen dankbar dafür, daß sie dies auch nicht aus dem Auge verloren haben. Ich weiß, viele in der DDR – zumal auch jüngere – haben es bei ihren Friedensgebeten und Demonstrationen nicht aus dem Auge verloren, und ich bitte, dies auch weiterhin mit zu bedenken.

Ich hab schon gesagt, es wäre schön, wenn diese Umwälzung gewaltfrei bliebe. Ich füge hinzu, bitte lassen Sie sich in nichts hineinreden, was zu Reibereien mit den sowjetischen Streitkräften in der DDR führen würde. Das wäre ganz und gar unvernünftig. Die werden ja auch nicht immer dableiben, sondern die Sowjetunion und die USA werden in diesem neuen Prozeß Truppen abbauen, und eines Tages werden wir wieder unter uns sein, was ja auch was für sich hat.

Es ist wohl nicht zu bestreiten, daß es mehrere Faktoren gegeben hat, die diese friedliche Revolution in der DDR, aber auch in Polen, der Tschechoslowakei, in Ungarn möglich gemacht haben. Die Menschen hatten es satt. Sie hatten die Nase voll, wollten Freiheit. Das ist das erste. Das alte Wirtschaftssystem hatte sich als bankrott erwiesen. Das ist der zweite Faktor. Und das dritte war, daß in der Sowjetunion ein moderner Mann an die Spitze gekommen war mit seiner Perestroika. Er hat es nicht leicht, das kann man den Zeitungen und den Nachrichten wohl entnehmen, und wir müssen wissen: Was wir in Deutschland tun, das darf Reformprozesse weiter östlich von uns – wenn es irgend geht – nicht behindern, sondern sollte sie im Gegenteil beflügeln helfen. Einheit, deutsche Einheit, wird unter einem europäischen Dach zustande kommen müssen, ohne daß wir uns von anderen vorschreiben lassen, wann wir welche Schritte von uns aus machen. Aber es muß sich einfügen in ein Sicherheitssystem für ganz Europa. Das können wir nicht alleine schaffen. Das müssen wir mit den Nachbarn schaffen, mit der Europäischen Gemeinschaft und der NATO, aber wir müssen es auch schaffen mit den Nachbarn im Osten. Und wir müssen hinhören, wenn die immer noch Mächtigen, also die großen Atommächte, sich in diesen Prozeß mit einschalten.

Nur, wir dürfen unseren Nachbarn und den Mächtigen dieser Welt sagen: Auf die lange Bank schieben darf man die deutsche Frage nicht. Und andere sollen sich die Argumente richtig aussuchen, wenn sie gegen ein einiges Deutschland argumentieren. Ich lasse die außen vor, die befürchten, daß die Deutschen dann noch mehr Medaillen bei den Olympischen Spielen gewinnen, oder die sagen, daß wir dann bei der Fußballweltmeisterschaft noch besser dran seien. Das kann man übergehen. Es gibt aber auch diejenigen, die sagen, ein einiges Deutschland wird wirtschaftlich zu stark. – Ich habe in Erinnerung, was aus Deutschland geworden ist, als es ihm wirtschaftlich extrem schlecht ging. Aus der Krise ist damals Hitler an die Macht gekommen!

Uns kann schlimmeres passieren, als daß wir uns als ein wirtschaftlich starker Faktor in Europa und in der Welt behaupten und dann, wenn wir mit den eigenen Problemen fertig sind, auch für andere etwas mitleisten können. Ich kann mir schlimmeres vorstellen als dieses, aber es bleibt wahr: Das einige Deutschland muß europäisch eingebaut sein. Es ist möglich, daß zwei deutsche Staaten – solange es sie noch gibt – Mitglied einer Wirtschaftsgemeinschaft, nämlich der EG, sein könnten und daß, wenn sie es wären, dadurch auch die Teile einander noch näher kommen. Es ist nicht möglich, daß ein deutscher Staat zwei militärischen Sicherheitssystemen angehört. Das ist nicht gut denkbar. – Also da haben wir den neuen Zusammenhang zwischen deutscher Einheit und der Überwindung der Spaltung Europas.

Das ist eine Menge, auch viel Schwieriges, was wir vor uns haben. Ich bin davon überzeugt, wir schaffen das. In diesem Volk steckt genug drin, an Kraft und an gutem Willen. Gerade auch an Willen zur Verständigung.

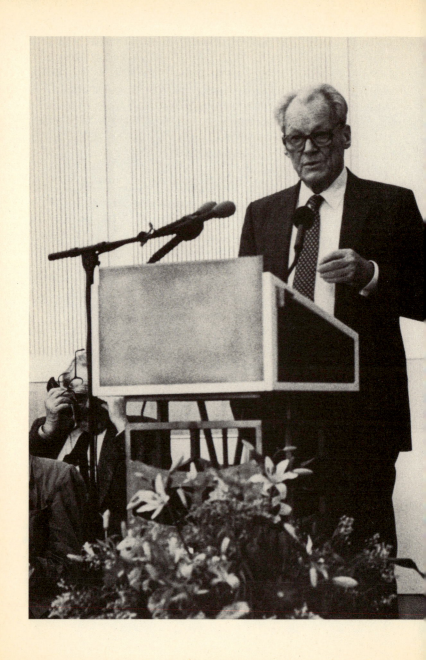

„Die Sache ist gelaufen"

Tutzing, Evangelische Akademie, 31. Januar 1990

Das meiste von dem, was heute vormittag gesagt worden ist, habe ich rasend interessant gefunden. Dabei ist mir ein Vorgang aus dem Jahre 1952 durch den Kopf gegangen: Gouverneur Stevenson, der Präsidentschaftskandidat, hielt in Chicago eine Rede. Anschließend sagte ihm einer seiner Freunde: „Gouverneur, eine fabelhafte Rede; alle intelligenten Amerikaner werden Sie wählen." Adley Stevenson antwortete: Die Mehrheit wäre ihm lieber. („I would rather have the majority.") Dies gleichsam als ein Zugang zu einigen der Themen, die den einen hier mehr Sorge bereiten als den anderen.

Beim Tagungsthema will ich mich bei dem Begriff „europäisches Haus" nicht lange aufhalten. Ob Sie das so wie Gorbatschow nennen oder vom „europäischen Dorf" sprechen – und dessen Rolle im „global village" – oder wie Mitterrand eine europäische Konföderation anpeilen, auf die Begriffe kommt es nicht an. Viel wichtiger wäre es, sich klarzumachen, daß das Haus oder Dorf wohl nicht bis Wladiwostok reichen wird.

Somit stellt sich die Frage nach der Rolle der Sowjetunion. Ich gehe davon aus, daß ein Europa, das wirtschaftlich zusammenwächst, einbeziehen muß, was das europäische Rußland dann darstellt. Beim Sicherheitsprozeß geht ohnehin wenig ohne die östliche Großmacht. Wenn also von neuen Perspektiven für Europa gesprochen wird, ist die Ablösung von Kaltem Krieg und Spaltung durch kooperative Strukturen gemeint. Für die gibt es schon erfolgversprechende Ansätze.

Aus den Wiener Verhandlungen und anderen Abrüstungsverhandlungen läßt sich zusammen mit dem, was im Helsinki-Prozeß angelegt ist, ein europäisches Sicherheitssystem entwickeln. Dazu braucht man dann eine Behörde, die sicherstellt, daß sich die Beteiligten an Vereinbarungen halten – also ein Organ gemeinsamer Sicherheit in und für Europa. Zweitens haben wir die Europäische Gemeinschaft, die ihr Verhältnis nicht nur zu den EFTA-Staaten und zu den südlichen Anrainern des Mittelmeers weiterentwickeln wird, sondern dabei ist – wenn auch noch zögerlich –, ihr Verhältnis zu den Staaten im anderen Teil Europas zu gestalten. Es ist kein Zufall, daß gerade dieser Tage ein Abkommen mit der Sowjetunion geschlossen wurde. Zukünftig kann wohl der Rat für gegenseitige Wirtschaftshilfe – was wir bisher Comecon nannten – vernachlässigt werden, da er ausgelaugt ist.

Drittens kann aus dem KSZE-Prozeß entstehen, was Mitterrand anklingen läßt und wozu der polnische Premierminister dieser Tage einen Kooperationsrat für ganz Europa vorgeschlagen hat, der Fragen der Wissenschaft und Technik, der Umwelt und Bereiche der Kultur behandeln soll. Wenn die EG hoffentlich endlich ihre Umweltagentur in Berlin ansiedelt, dann liegt es nahe, Berlin auch zum Sitz einer für ganz Europa zuständigen Umweltbehörde zu machen – nicht irgendwann, sondern noch in der ersten Hälfte der neunziger Jahre. Auch am Europarat – der z. B. zu Menschenrechten wichtige Konventionen ausgearbeitet hat – zeigen sich Staaten interessiert, die bisher nicht dabei waren. Kein Zufall, daß der sowjetische Außenminister kürzlich eine Zusammenarbeit mit dem Europarat erwogen hat.

Vielleicht wird sogar die ECE in Genf – die Economic Commission for Europe, die von der UN nach Kriegsende geschaffen wurde – noch mal eine Rolle spielen. Sie könnte eine Menge technischer Dinge regeln. Soviel zu einigen Institutionen, die geschaffen werden sollten. Dies noch weiter auszumalen, dürfte keine Schwierigkeit bereiten.

Ich wollte damit lediglich an die europäischen Vorgänge erinnern, deren wichtiges Unterkapitel Deutschland heißt. Ein Unterkapitel, das uns besonders interessiert, das aber klare Bezüge hat zu dem, was in Europa zusammenwächst. Und da heute früh gesagt worden ist, daß man vor einigen Entwicklungen in der DDR Sorge haben muß – genannt wurden Rechtsradikalismus bzw. Neofaschismus –, sollte ich hinzufügen, daß die Gefahr besteht, daß die stalinistische Ära in weiten Teilen Europas durch extremen Nationalismus abgelöst werden könnte, wofür es nicht nur in der Sowjetunion oder Jugoslawien Anzeichen gibt. Für mein Verhalten in dieser Phase – obwohl nicht von allen gleich verstanden – ist daher ausschlaggebend, daß die Vertretung legitimer nationaler Interessen nicht in falsche Hände geraten darf. Wo es hinführen kann, wenn das, was große Teile des Volkes für wichtig halten, in falsche Hände gerät, habe ich bereits erlebt.

Nun haben wir durch Gorbatschows Ausführungen am 30. Januar 1990 ein neues Datum. Was er mir im Oktober gesagt hat, unterschied sich zwar nicht stark von dem, was gestern gesagt worden ist, aber wichtig ist es für die öffentliche Meinung. Man könnte salopp sagen, die Sache ist gelaufen, die von Deutschland handelt. Zumindest ist sie soweit angestoßen, daß es nunmehr um die Modalitäten geht – darum, ob wir verstehen, das Richtige in Etappen mit den anderen interessierten Mächten gestalten zu helfen.

Die Einheit von unten hat sich bereits auf eindrucksvolle Weise vollzogen, nicht nur in Berlin vom 9. auf den 10. November, sondern vielerorts seitdem an der bisherigen innerdeutschen Grenze. Zu den Etappen, die wir vor uns haben, lautet meine Arbeitshypothese: Zwei deutsche Staaten können in einer europäischen Wirtschaftsgemeinschaft sein, ein deutscher Staat aber nicht in zwei Bündnissen. Ich will zu beidem etwas sagen.

Zuerst zur Wirtschaftsgemeinschaft: Gesamteuropäische und deutsch-deutsche Möglichkeiten sind in hohem Maße von wirtschaftlichen Perspektiven abhängig und umgekehrt. Wo immer in den letzten Monaten und Wochen Inventur gemacht wurde, lautet der Befund: Die wirtschaftliche Lage ist schlecht bis katastrophal. Überall findet ein Wettlauf mit der Zeit statt, wobei die Wirtschaftsfachleute von Prag bis Moskau zu schnellen Reformentscheidungen und Gesetzgebungsverfahren drängen – was jedoch in Anbetracht der unklaren politischen Verhältnisse nahezu unmöglich erscheint.

Gleichzeitig offerieren die EG-Staaten einzeln und qua Brüsseler Kommission mit Nachdruck vielfältige, wenn auch überwiegend noch unzulängliche Kooperationen. Ganz abgesehen davon, daß sich auch die USA und Japan oder weniger mächtige Staaten als Partner anbieten, da sie die wirtschaftlichen und politischen Chancen zumindest teilweise begriffen haben. Allen ist bewußt, daß sich die Länder des (mittlerweile allgemein als untauglich erkannten) Rats für gegenseitige Wirtschaftshilfe nicht über einen Kamm scheren lassen – und alle Welt weiß, daß die DDR ein Sonderfall ist.

Während sich die Völker der anderen RGW-Staaten notgedrungen auf eine beschwerliche und eher längere als kurzfristige Übergangsphase zu sozial abgesicherter Marktwirtschaft und damit versprochenem Wohlstand einstellen müssen, fordern die DDR-Bürger – wegen der deutsch-deutschen Konstellation durchaus verständlich – schnelle Verbesserungen. Im speziellen Fall der DDR muß die Dialektik von Politik und Wirtschaft momentan schlicht mit „Bleiben oder Gehen" übersetzt werden, mit Hoffnung auf eine spürbare Anhebung des Wohlstandes in überschaubaren Zeiträumen – nicht irgendwann – oder mit diesem Zweifel und Kofferpacken zum Übersiedeln.

Hier in der Bundesrepublik eine neue Zukunft aufzubauen, nach Jahren der Frustration und der Entbehrungen, läßt sich individuell leicht begreifen. Ich habe auch in der DDR gesagt: Wenn ich im Alter derer wäre, die heute 20, 25 Jahre alt sind, könnte ich nicht meine Hand dafür ins Feuer legen, ob ich nicht die größeren

Chancen, die sich mir woanders bieten, nutzen würde. Aber es liegt nun wirklich im gemeinsamen Interesse, den Menschen im anderen Teil Deutschlands Zuversicht zu vermitteln, und zwar nicht allein durch gute Worte, sondern vor allem durch vernünftiges Tun – also gute Taten, wenn Sie so wollen. Unnötige Anreize zum Übersiedeln ergeben jedenfalls keinen Sinn. Wo es keine Grenze gibt, gibt es keine Flüchtlinge; und wo es keine Flüchtlinge gibt, ist auch kein Raum für Flüchtlingsgesetzgebung, um das bewußt etwas zuzuspitzen.

Entscheidend sind schnell wirksame Beiträge zur Verbesserung der DDR-Wirtschaft und der sozialen Lage der DDR-Bürger. Das sind die Themen, an denen der Werkzeugmacher interessiert ist, der gerade Geschäftsführer der SPD in Thüringen geworden ist, oder der Diplomingenieur, der den Vorsitz der SPD in Eisenach übernommen hat. Das sind *die* Themen – wenn wir Glück haben, daß es bei diesen Themen bleibt.

Wir müssen durch öffentliche Finanzmittel zur raschen Modernisierung der Infrastruktur beitragen, durch Energieverbund den extrem umweltschädlichen Braunkohlenabbau drosseln, durch zinsgünstige Programme der Kreditanstalt für Wiederaufbau Klein- und Mittelbetriebe fördern. Natürlich weiß ich, daß über diese und andere Maßnahmen nachgedacht wird, aber bisher ohne angemessenes Tempo und angemessenen Finanzrahmen, da die Vision fehlte. In einigen der zuständigen Bonner Ministerien war man nicht auf einen rasch ablaufenden Prozeß eingestellt – noch bis in diese Tage hinein nicht auf Entwicklungen, die jetzt durch die Gorbatschow-Rede bestätigt wurden. Gleichzeitig wurden bereits von der hiesigen Privatwirtschaft Investitions- und andere Kooperationsmöglichkeiten ausgelotet, u. a. auch beim Marketing und im Bereich der Schulung und Ausbildung. Daß große Unternehmen Kosten-Nutzen-Prognosen patriotisch schönen, ist aus meiner Sicht nicht sonderlich zu beklagen.

Allerdings muß erwartet werden, daß die Regierung der DDR – spätestens die gewählte Regierung – angemessene Rahmenbedingungen schafft, damit die angekündigte Vertragsgemeinschaft mit wirtschaftlichem Leben erfüllt wird und keine Worthülse bleibt. Die Abwanderung, die vor allem durch hausgemachte Effekte in beängstigendem Umfang fortbesteht, dürfte erst abebben, wenn in den Betrieben und Kombinaten, wenn zumal auch in der Verwaltung neuer Wind spürbar wird. Wer noch von einem „Dritten Weg" träumt, sollte erkennen, daß die DDR gegenwärtig nicht die Option hat, ein schwedischer Wohlfahrtsstaat zu werden, womöglich mit jugoslawischer Selbstverwaltung und ökologischem Weltspitzenniveau, jedenfalls nicht aus eigener Kraft. Ich sage das bewußt in dieser Zuspitzung.

Wer die wirtschaftliche und soziale Situation der DDR ernsthaft analysiert, wird zu dem Schluß kommen, daß ein Wirtschaftsverbund mit gemeinsamer Währung für beide deutsche Staaten auf der Tagesordnung steht. Das läßt sich nicht von heute auf morgen bewerkstelligen, zumal beiderseits Anpassungsleistungen und Reformbereitschaft verlangt werden. Also werden wir die Landsleute in der DDR um Verständnis dafür bitten müssen, daß wir uns miteinander auf einen Stufenplan einzustellen haben – aber bitte so, daß konkrete Schritte noch in diesem Jahr deutlich werden, sonst hilft das alles wenig.

Man hat mich dieser Tage gefragt, ob ich nicht erkenne, daß die Landsleute drüben, wenn sie Einheit rufen, eigentlich Wohlstand meinen. Aber was ist daran eigentlich Schlechtes? Das eine kann und muß mit dem anderen verbunden sein. In seinem neuen Buch läßt García Márquez seinen Helden Simon Bolivar, den Liberador von Südamerika, sagen, die Einheit habe keinen Preis – in dem Sinne, daß man sie sich nicht abkaufen läßt. Aber daß die Einheit uns etwas abverlangt, das muß man unseren Leuten offen sagen.

All jene treiben falsches Spiel, die dem Steuerzahler einreden, das leiste schon die Wirtschaft. Nein, auch der Steuerzahler in der Bundesrepublik Deutschland wird gefordert sein, wofür man um Verständnis und Zustimmung werben muß. Ich teile im übrigen den politisch-moralischen Ansatz von Günter Grass, daß Lasten auszugleichen sind, die der kleinere Teil Deutschlands für den größeren Teil über diese Jahrzehnte hinweg mitzutragen hatte.

Zum sicherheitspolitischen Problemfeld: Doppelte Bündnis-

zugehörigkeit eines miteinander eng verbundenen Deutschland – wie es Professoren in Ost-Berlin zu Papier gebracht haben – ist ebenso unrealistisch wie die Vorstellung, ganz Deutschland könne unverändert in der NATO sein. Allenfalls kann man sich vorstellen, daß die Bundesrepublik oder der Teil, der heute Bundesrepublik ist, in der NATO bleibt – worin im Prinzip die beiden Hauptrichtungen der deutschen Politik übereinstimmen –, während der Teil, der heute DDR ist, einen Sonderstatus erhielte, abweichend von dem, den er innehat. Das schließe ich nicht völlig aus.

Im Grundsatz einverstanden bin ich mit all jenen, die meinen, Einheit zwischen den beiden Staaten – über Vertragsgemeinschaft mit konföderativen Strukturen – müsse sich unter einem europäischen Dach abspielen. Ich opponiere aber heftig dagegen, wenn gefordert wird, die Deutschen hätten auf Europa zu warten. Sie müssen ihre Einheit selbst voranbringen, und die Bundesrepublik muß gleichzeitig an der Weiterentwicklung der Europäischen Gemeinschaft aktiv mitarbeiten. Man darf Europa nicht proklamieren, um die Deutschen hinzuhalten.

Unbestritten ist aus meiner Sicht, daß niemand an den Rechten der Vier Mächte vorbeikommt. Aber als einer, der Berliner Erfahrung hinter sich hat, darf ich auch fragen, welche der Rechte noch zeitgemäß sind – zumal Frankreich und Großbritannien mittlerweile enge EG-Partner der Bundesrepublik Deutschland sind. Wir machen uns überdies nicht immer klar, daß kein Land in Europa so viele Nachbarn hat wie Deutschland. Irgendwie sind also alle involviert und interessiert, was die Sache nicht einfacher macht. Wenn man allerdings die letzten Jahrhunderte Revue passieren läßt, haben die Deutschen nie allein über die Formen ihrer staatlichen Gemeinschaft entschieden, und wo sie es versucht haben – in der Phase, die '45 zu Ende ging –, sind sie auf die Nase gefallen.

Wenn ich jetzt sagte, die Deutschen nicht hinhalten, will ich daran erinnern, daß es nicht nur Verträge gibt, die deutsche Rechte einengen, sondern auch Verträge, durch die andere den Deutschen etwas in Aussicht gestellt haben. Um nicht neuen Nationalismus aufkommen zu lassen, darf nicht der Eindruck entstehen, das sei alles unterschrieben worden in der sicheren Annahme, es würde nie zur Einheit kommen. Wo es um das Selbstbestimmungsrecht geht, wird mancherorts Helsinki fälschlicherweise so ausgelegt, als verhindere dieses Abkommen die einvernehmliche Überwindung der künstlichen Grenze zwischen den Teilen Deutschlands.

Ich sehe jetzt in der DDR Transparente für einen Volksentscheid über das, was die Leute Wiedervereinigung nennen. In meinen Augen geht es vielmehr um eine neue Form von Einheit, und da kann auch kein Zweifel sein, wie ein solcher Volksentscheid ausfiele. Gleichwohl müßte man am Tag nach dem Volksentscheid sagen: Freunde, so einfach ist das nicht durchführbar. Wir müssen erst miteinander über die Inhalte der Vertragsgemeinschaft reden, also über einen Stufenplan bei der Wirtschaft und der Währung, einen Regierungsausschuß sowie einen Parlamentarischen Rat, der paritätisch zusammengesetzt sein sollte.

Sicherlich wird die Ministerpräsidentenkonferenz noch vor manch anderem Organ da sein. Das wird vielleicht sogar dazu führen, daß unsere Bundesländer, die bekanntlich nicht mehr viel selbst entscheiden können, sich bei dieser Gelegenheit neuer Kompetenzen annehmen. Jedenfalls wird Deutschland oder die deutsche Gemeinschaft oder der deutsche Bund föderativ strukturiert und europäisch orientiert sein – oder es wird nicht sein.

Abschließend noch einige persönliche Bemerkungen, die mit der bisherigen Diskussion hier zusammenhängen. Erstens waren natürlich auch für mich der 9. und 10. November Tage von unglaublicher Freude. Aber unübersehbar war der 9. November zugleich auch ein Tag der Kopflosigkeit. Die SED-Oberen waren sich nicht bewußt, was sie anrichteten. Sie hätten Chaos produzieren können, was ich nicht als Absicht unterstellen will, aber auch nicht völlig ausschließen mag. Jedenfalls sah ich für mich die Herausforderung, unmittelbar stabilisierend einzuwirken. Doch das Kunststück eine stabile Revolution zu veranstalten, das kriegen auch die Deutschen nicht hin. Wenn Stabilität größer geschrieben werden muß, geht jedoch zwangsläufig das Element der revolutionären Umgestaltung zurück.

Zweitens. Ich kann nicht erkennen, wie eine rechtsstaatliche, parlamentarische Demokratie ohne Partei zu haben ist. Der SED mache ich zusätzlich zu allem anderen den Vorwurf, daß sie keine Partei war, die sich im Wortsinn als Teil des Ganzen verstand. Sie nannte sich Partei, wollte aber das Ganze sein – und hat somit den Staat ebenso vereinnahmt wie die Bürger. Zeitgemäße demokratische Parteien zu bejahen, bedeutet gleichwohl nicht, ausufernden Parteienegoismus zu bejahen.

Hier wurde die Meinung vertreten, daß eigentlich die Zeit der Parteien in Europa zu Ende gehe – eine Diskussion, die in Polen sehr intensiv geführt wird, wo Bewegungen die Parteien ablösen wollen. Ich will das langfristig nicht ausschließen, aber zu meiner Zeit wird das nicht mehr sein. Parteien, wie immer sie sich definieren, sind in einer rechtsstaatlich-parlamentarischen Ordnung wohl unentbehrlich.

Daß es in der DDR auch eine SPD gibt, dafür kann ich nichts – jedenfalls habe ich die Partei weder erfunden noch gegründet. Auch Gorbatschow, dem die Sozialdemokratische Partei etwas zu früh kam, habe ich im Oktober in Moskau entsprechend aufgeklärt. Aber selbstverständlich wird sich jemand meines Lebensweges und meiner Tradition freuen, daß dort, woher die Sozialdemokratie einmal gekommen ist, sie wieder stark Fuß faßt. Man stößt zwar nicht mehr auf die Söhne, aber auf die Enkel oder Urenkel derer, die das alles einst in Gang gesetzt haben.

Wenn ich in die DDR komme, habe ich auch nicht den Eindruck, irgend jemand zu überrollen. Im Gegenteil bin ich in der Gefahr, überrollt zu werden – und man muß aufpassen, die eigenen Gedanken und Gefühle zu zügeln.

Meine Kundgebungen in der DDR schließe ich nicht von ungefähr mit den schönen Lincoln-Worten, daß ein in sich gespaltenes Haus nicht Bestand hat. „A house divided against itself cannot stand." Das gilt für die gespaltene deutsche Nation; über die aktuellen Aufregungen hinaus auch für die Zukunft der DDR, die wieder zusammenfinden muß und nicht in Haß und Rache untergehen darf.

Und last but not least warne ich vor deutscher Nabelschau und Eurozentrismus: Wir dürfen unsere gemeinsame Verantwortung bei der Bewältigung der globalen Nord-Süd-Herausforderungen nicht aus dem Auge verlieren.

Das gemeinsame deutsche Haus gestalten

Leipzig, Gründungs-Parteitag der SPD in der DDR,
24. Februar 1990

Mein herzlicher Gruß gilt den Parteifreunden in diesem Teil Deutschlands und über unterschiedliche Standorte hinweg allen Landsleuten, die sich selbstbewußt – nicht selten freilich auch besorgt – um ihre Existenz bemühen. Sie hatten die bei weitem größere Last der deutschen Teilung zu tragen. Sie haben die Entmündigung abgeschüttelt. Sie haben das Tor aufgestoßen, durch das der Weg zur Einheit in Freiheit führt.

Der so beschrittene Weg weist Schlaglöcher auf. Doch ich setze darauf, daß wir es gemeinsam schaffen werden, das gemeinsame deutsche Haus so auszugestalten, daß zusätzlich zur Freiheit die Werte des gerechten Ausgleichs und des solidarischen Füreinandereinstehens nicht untergebuttert, sondern neu verankert werden. Und zwar in unbezweifelbarer europäischer Verantwortung.

Ich bin dankbar dafür, daß Sie beschlossen haben, meinen Namen honoris causa mit Ihrer Arbeit zu verbinden. Hieraus ergibt sich für mich ein Stück zusätzlicher Verpflichtung. Und ich hoffe, daß ich in den vor uns liegenden Jahren noch einiges dazu beitragen kann, *vernünftig* zusammenwachsen zu lassen, was zusammengehört. Dies galt und gilt natürlich auch für die beiden Teile der *einen* deutschen Sozialdemokratie. Dem Vorsitzenden Ihrer/unserer Partei und allen Mitgliedern des hier in Leipzig gewählten Vorstandes gelten meine guten Wünsche.

Inzwischen wird deutlich, daß wir es in beträchtlichen Teilen Mittel- und Osteuropas mit einer Renaissance der Sozialdemokratie zu tun haben. Daran wird nichts ändern, daß heillos eifernde Propagandisten noch einmal versuchen, den Sozialdemokraten Kommunismusnähe anzudichten. Man fragt sich, wie sich das wohl zu Herrn Kohls sonstiger Behauptung verhält, er arbeite mit dem französischen Präsidenten, dem spanischen Regierungschef, den Vizepremiers Italiens und der Niederlande vorzüglich zusammen. Was ist das für ein schlechter Stil, Sozialdemokraten draußen zu umschmeicheln und zu Hause zu beleidigen!

Ich revanchiere mich beim gegenwärtigen Bundeskanzler, indem ich ihn lobe: Neulich, als er aus Moskau zurückkam, hat er zutreffend darauf hingewiesen, daß der Vorgang, der jetzt vom Zusammengehen der beiden Teile Deutschlands handeln wird, nicht als bloßer Anschluß mißverstanden werden darf. Danach hat er seinen Verteidigungsminister zurechtgewiesen, als der sich wenig hilfreich zur Vorverlegung deutscher Streitkräfte geäußert hatte.

Im übrigen schlage ich vor, daß wir die Landsleute in der DDR mit westdeutschen Schimpfkanonaden verschonen. Mir ist nicht nach unnötiger Polemik zumute. Wir sollten lieber wetteifern, wie die Menschen in den Ländern der DDR möglichst bald auf die Beine kommen. Und wie das sich einigende Vaterland – frei von zerstörerischem Nationalismus – seiner Rolle in Europa loyal und hilfreich gerecht werden kann.

Dies ist nicht irgendein Parteitag. Die Menschen in der DDR hören hin, wozu ihnen von hier geraten wird, damit es verantwortungsvoll und zügig vorangeht. Ich übertreibe nicht, wenn ich sage: Die Augen vieler sind auf Sie gerichtet. Was Sie hier in Leipzig beraten und beschließen, findet europäische und weltweite Beachtung. Daraus ist diese schwere, doch zugleich schöne Bürde geworden.

Eine willkommene Aufgabe ist es mir, den Delegierten und Teilnehmern die guten Wünsche der internationalen Gemeinschaft sozialdemokratischer Parteien zu überbringen; sie trägt – wie Sie wissen – den traditionellen Namen „Sozialistische Internationale". Die S. I., als Arbeitsgemeinschaft unabhängiger Parteien, ist mit der Zeit weit über ihren ursprünglich europäischen Rahmen hinausgewachsen. Sie dient dem Erfahrungsaustausch, sie vermittelt sinnvolle Initiativen und hat sich in den letzten Jahren um Abrüstung und Menschenrechte, um krisenbedrängte Regionen, den bitter nötigen Nord-Süd-Ausgleich und die globalen Umweltgefahren gekümmert – nicht immer ohne Erfolg. Eure Partei war schon auf der letzten Ratssitzung der S. I. im November in Genf dabei und gilt seitdem als ein mit viel Zuneigung und hoher Erwartung begleiteter Teil unserer Parteienfamilie. Das wird noch deutlicher geworden sein, wenn wir – nach dem 18. März – zu unserer nächsten Ratstagung in Kairo zusammenkommen.

Wofür Sozialdemokraten in der Bundesrepublik vielen Widerständen zum Trotz eingestanden sind, das konnte am Ende des hinter uns liegenden Jahrzehnts ein gutes Stück vorangebracht werden. Die (ganz überwiegend friedlichen) Revolutionen des Jahres 1989 hatten eine durchweg europäische Orientierung, und sie haben den Frieden sicherer gemacht. Wir sind einer gesamteuropäischen Friedensordnung näher, als die meisten dies noch vor wenigen Jahren für möglich gehalten hätten. Das allein ist eine Veränderung von gewaltigen Ausmaßen und eine Leistung nicht so sehr von Staatspersonen, die sich Federn an den Hut stecken, sondern vielmehr von solchen, die mit ihren Völkern durch Neues Denken neue Wege beschritten.

Zum anderen: Daß die deutsche Einheit nicht mehr nur auf geduldigem Papier steht, sondern in diesen Monaten konkrete Gestalt anzunehmen beginnt, ist gleichfalls in erster Linie denen zu verdanken, die es verstanden, den Willen des Volkes vor aller Welt deutlich zu machen. Dies zu sagen heißt nicht, daß wir unsere (nicht nur den Worten nach) bewährten Freunde in Europa, Amerika und vielen Teilen der Welt vergessen wollten. Auch nicht diejenigen an der Spitze der Sowjetunion, die sich großer Schwierigkeiten zum Trotz um ihren Beitrag zu gründlicher Erneuerung bemühen.

Drittens: Der durch Rüstungsabbau zu erzielende Gewinn wird bedeutend sein, doch die materiellen Erfordernisse der Einheit bleiben beträchtlich, mit nicht ungefährlichen Auswirkungen auf schwächere Teile der Bevölkerung. Weil das so ist, setze ich darauf, daß die Sozialdemokratie hier an ihre besten Traditionen anknüpft und sich neu bewährt – als das soziale Gewissen der nationalen Einheit. Es gehört zu den bleibenden Verdiensten von Oskar Lafontaine, der hier gestern sprach, die soziale Dimension dessen, was wir erleben und was uns bevorsteht, ins Bewußtsein zumal der Bundesbürger gehoben zu haben.

Der Zug zur Einheit rollt. Jetzt kommt es darauf an, daß niemand unter die Räder kommt. Das zu verhindern, ist wichtiger als der Komfort derjenigen, die Erster Klasse fahren.

Ja, dies ist wahrlich nicht *irgendein* Parteitag. Und unter ungewöhnlichen Umständen stehen schicksalhafte Wahlen bevor. Gleichwohl, und wenn man noch so sehr von dem überzeugt ist, was die eigene politische Gemeinschaft den Mitbürgerinnen und Mitbürgern vorzuschlagen hat: Es gilt stets der Versuchung zu widerstehen, einen Teil für das Ganze zu halten. Partei, das kann schon dem Wortsinn nach – anders als es die SED-Führung jahrzehntelang versuchte – nie das Ganze sein; es kann sich immer nur um das ehrliche Bemühen handeln, dem Ganzen, so gut es irgend geht, voranzuhelfen.

Keiner von uns sollte so tun, als verfüge er über den Stein der Weisen; wir können uns nur bemühen – dies aber mit allem, wozu uns Verstand und Herz befähigen –, dem, was richtig und gerecht ist, möglichst nahe zu kommen.

Gruppen, die bewußt nicht Partei sein wollten (oder es unter den gegebenen Bedingungen auch nicht sein konnten), haben sich im Ringen um Menschenrechte und Selbstbestimmung unverlierbare Verdienste erworben. Das Engagement von Persönlichkeiten des kulturellen und kirchlichen Lebens hat den Widerstand der letzten Jahre beispielhaft geprägt – in der DDR wie in anderen Ländern des bisherigen Ostblocks. Doch es mußte eine Illusion bleiben, hieraus Strukturen für die neu zu etablierenden Demokratien ableiten und die Gesetze der parlamentarischen Demokratie insoweit außer Kraft setzen zu wollen. Bewegungen und Partei – beides hat seinen Platz, beides seine besondere Zeit.

Zu allen anderen Übeln auf dem Schuldkonto der Kommunisten kommt ihr Mißbrauch von Inhalt und Form. In der Theorie Befreiung, in der Praxis Unterdrückung – das konnte nicht tragen, es hat nicht getragen. Die Geschichte hat darüber schon ihr Urteil gefällt. Es ist vorbei damit.

Wir sind jetzt dazu da, uns nicht zu Gefangenen des Vergangenen machen zu lassen, sondern den Weg nach vorn abzustecken. Ich breche über niemanden den Stab, dem die Einsicht verschlossen blieb, daß der Gott, den man ihn anbeten ließ, keiner war. Oder der seines Arbeitsplatzes oder der Ausbildung seiner Kinder wegen meinte, sich anpassen zu müssen. Doch daß Leute, die es wirklich hätten besser wissen müssen, meinen, sich freisprechen zu können, indem sie sich im Handumdrehen mit einem Etikett versehen, auf dem „demokratischer Sozialismus" steht, das kann nicht überzeugen; Sozialismus ohne Demokratie hatte, in meinem Verständnis, diese Bezeichnung nie verdient. Mißtrauen gegenüber Etikettenschwindel ist jedenfalls angebracht, und Wachsamkeit bleibt geboten.

Ich möchte freilich hinzufügen, daß meines Wissens durch Haß und Vergeltung noch nie Gutes bewirkt worden ist. Recht muß wieder gelten, ohne Ansehen der Person. Durch die Jagd auf Sündenböcke kann es nicht ersetzt werden, durch Denunziantentum schon gar nicht. Gegenüber dem Großteil derer, die in den SED-Staat verstrickt waren, wird die Zeit der Aussöhnung kommen müssen. Anders kann ein sich demokratisch regierendes Volk nicht gut leben. Und ob eine Revolution groß genannt werden kann, hängt wohl heutzutage auch davon ab, ob sie sich Generosität zu leisten vermag.

Auf noch einem anderen Blatt steht der interessante Vorgang, daß bisher kommunistische Parteien – nehmen Sie Italien, wohl auch Polen oder Ungarn – um grundsätzliche neue Positionen ringen und um Meinungsaustausch mit unserer Internationale bemüht sind. Auch in der UdSSR wird inzwischen in erstaunlicher Offenheit über unsere Grundlagen und unsere Modelle diskutiert. Ich habe dazu geraten: Nicht zu früh jubeln oder gar naiv reagieren, aber auch nicht die Augen und Ohren vor etwas verschließen, was weitreichende Bedeutung haben kann.

Noch einmal: Dies ist nicht irgendein Parteitag, aber auch nicht irgendeine Stadt. „Mein Leipzig lob ich mir", heißt es schon bei Goethe. Mich bewegt besonders, heute dort zu sein, wo die Wiege der deutschen Sozialdemokratie stand.

Erinnern wir uns: Hierher wurde Doktor Ferdinand Lassalle von jenen Leipziger Pionieren gerufen, die mit ihm 1863 im Pantheon den Allgemeinen Deutschen Arbeiterverein aus der Taufe hoben, welcher das allgemeine, freie und gleiche Wahlrecht zu seiner ersten Hauptforderung machte. Hier ließ sich 1860, aus dem Hessischen kommend, der Drechslergeselle August Bebel nieder, der sich im örtlichen Arbeiterbildungsverein seine Sporen verdiente und zum Vormann der sich zusammenfindenden neuen Partei wurde. Deren unvergängliches Verdienst bleibt es, Millionen von Proletariern aus extremer Rechtlosigkeit herausgeführt und sich (wenn auch ohne hinlängliche Verve) schon im vorigen Jahrhundert für die Gleichberechtigung der Frau ins Zeug gelegt zu haben.

Für Leipzig-Land wurde Bebel 1881 in den Sächsischen Landtag gewählt, nachdem ihn die Erzgebirgler schon vor der Reichsgründung in den Norddeutschen Reichstag nach Berlin entsandt hatten. Hier, von Leipzig aus, wirkte er während der Zeit der Ausnahmegesetze als (wie wir heute sagen würden) Schatzmeister der Partei und sorgte dafür, daß die Verfolgten und ihre mittellosen Familien nicht ohne Hilfe blieben. Seine Augen hätten aufgeleuchtet, so hinterließen es uns Zeitzeugen, wenn später die Rede auf die Leipziger Zeit kam. Dabei hat er nicht ahnen können, wie sehr auch sein Name mißbraucht werden sollte.

Die Verfechter der sozialen Demokratie haben viel zu leiden gehabt in deutschen Landen, nicht zuletzt hier in Sachsen – in den beiden mörderischen Kriegen, während der wahnwitzigen Nazidiktatur, aber eben auch im Zeichen jener Zwangsvereinigung, die

bald in einen erbarmungslosen Kampf gegen den „Sozialdemokratismus" überging. Man muß schon ziemlich geschichtsblind sein, um vor diesem Hintergrund zum Kampf gegen einen „Hauptfeind SPD" blasen zu lassen. Angemessener wäre es, der Opfer zu gedenken und mit guten Gedanken bei deren Familien zu sein. Und überhaupt: Wäre es nicht jetzt endlich an der Zeit, das Feind-Denken aus der Politik zu verbannen? Wer es gut meint mit Deutschland, dürfte jedenfalls an überflüssiger Zerklüftung nicht mitwirken.

Ich sage ja im übrigen nicht, daß diejenigen, die vor uns die Sache der Sozialdemokratie vertraten, immer und in allem recht gehabt hätten; daß sie frei von Irrtümern und Fehlern gewesen wären. Das sage ich auch nicht hier im Sächsischen, wo die alte Sozialdemokratie eine Mehrzahl ihrer Hochburgen hatte. Auch hier wurde im und nach dem Ersten Weltkrieg viel Energie vergeudet. Auch hier wurden Kräfte gelähmt, die der Weimarer Republik fehlten, schoß Wortradikalismus ins Kraut, wo maß- und kraftvolles Handeln geboten war.

Ihr, die Ihr jetzt die neue Partei tragt und formt, Ihr solltet, bitte, die Lehren der Vergangenheit ernst nehmen. Ihr solltet Euch fest vornehmen, es nach Möglichkeit besser zu machen, das heißt: Splitterrichterei meiden wie die Pest. Auch nicht auf solche hören, falls sie in anderer Verkleidung wiederkämen, die mit vergifteten Wortpfeilen neue Lähmung bewirken könnten. Keine Schwäche zeigen, wo es darauf ankommt, Verderbern der Demokratie rasch genug das Handwerk zu legen. Wir Älteren haben bitter erfahren, daß es zu spät werden kann, wenn man zu lange wartet.

In der Bundesrepublik haben wir uns bemüht hinzuzulernen, wenn auch nicht immer hinreichend überzeugend. Man darf nie nachlassen in dem Bemühen, geistig auf der Höhe der Zeit zu sein – die soziale und ökologische und moralische Erneuerung nicht als eine Aneinanderreihung von Punkten auf der Tagesordnung betrachten, sondern als permanente Aufgabe begreifen. Und dabei auch nicht übersehen, welcher Gewinn sich aus dem Einklang mit wohlverstandener geschichtlicher Kontinuität ableiten läßt.

Denn was immer unzulänglich gewesen sein mag: Krieg und Diktatur, viel Elend und unermeßliches Leid wären unserem Volk ganz gewiß erspart geblieben, hätte es mehrheitlich auf den Rat der Sozialdemokraten gehört!

Dieser Parteitag wird seine Aufgabe dann erfüllt haben, wenn durch das, was von ihm ausstrahlt, über Parteigrenzen hinaus viel neues Vertrauen begründet wird. Damit die Menschen spüren: Es lohnt, hier zu bleiben und neu anzufangen. Und es macht keinen Sinn, einen ganz großen Teil Deutschlands leerlaufen zu lassen, um ihn späterer Neukolonisierung anheimzugeben. Eine solche Art von Vereinigung ergibt wirklich keinen Sinn.

Nun sind seit dem November schon wieder drei wichtige Monate ins Land gegangen. An Ankündigungen hat es nicht gefehlt. Der Kopflosigkeit folgte Tatenlosigkeit, begleitet durch mancherlei überflüssige Kakophonie. Inhaltlich ist der uns betreffende internationale Prozeß dem, was in Deutschland selbst zu geschehen hat, davongeeilt. Das muß nach dem 18. März, so rasch es auf verantwortliche Weise irgend geht – „zügig, aber ohne Überstürzung" –, ins Lot gebracht werden. Das Werk der deutschen Einheit geht schließlich in erster Linie die Deutschen selber an – wenn auch gewiß sie nicht allein.

Dem Wahrheitsgebot zuwider – und in trauter Allianz mit Leuten, die seit Ulbrichts Tagen den Kommunisten die Schleppen trugen – möchte man mir anhängen, ich hätte von der deutschen Einheit als einer Lebenslüge gesprochen. Tatsächlich warnte ich vor schädlichem Umgang mit dem Wort *Wieder*vereinigung; davon ist übrigens in der Präambel zum Grundgesetz der Bundesrepublik nicht die Rede.

Bei mir war und ist davon die Rede, daß nichts *wieder* wird, wie es einmal war: Kein Weg führt zurück zum Reich. Auch nicht zu den Grenzen von 1937 – viel eher gibt es Wege nach vorn, hin zu einem Europa, in dem die Grenzen an Bedeutung verlieren. Weg von der machtgeilen Arroganz, die Deutschland und Europa in schlimmstes Unglück führte.

Für jemand, der West-Berlin halten half, als andere die Segel zu streichen bereit waren, ist es bitter, die Selbstgerechtigkeit einiger Leute zu erleben, die lange bei den großen Worten blieben, wo alles auf die nächsten kleinen Schritte ankam. Ich frage nur: War es richtig oder falsch, vielen Widerständen zum Trotz um Reisemöglichkeiten und menschliche Erleichterungen zu ringen? War es richtig oder falsch, für den Abbau von Spannungen zwischen Ost und West einzutreten? Und beim Moskauer Vertrag 1970, wie beim Grundlagenvertrag 1972, den „Brief zur Deutschen Einheit" zu hinterlegen? Richtig oder falsch, die gesamteuropäische Konferenz von Helsinki und die Wiener Verhandlungen über Truppenabbau voranzutreiben zu helfen? Wer war dafür und wer war dagegen? Die Sozialdemokraten waren nicht dagegen, sondern dafür.

Und jetzt? Jetzt ist das füreinander Einstehen der Deutschen erste Bürgerpflicht. Gleich nach dem 18. März haben jene Dinge Vorrang, die für das Leben der Menschen unmittelbare Bedeutung haben. Und gemeinsame Institutionen, die schleunigst auf den Weg bringen, was nicht aufgeschoben werden darf – von der Währung bis hin zum sozialen Netz. Nicht um hektischen Anschluß geht es, sondern um vernünftigen Zusammenschluß. Was zusammenwächst, weil es zusammengehört, will nicht dem Chaos ausgesetzt, sondern pfleglich behandelt sein.

Jene Verhandlungen, die Deutschlands militärischen Status

(und in Verbindung damit Strukturen einer gemeinsamen europäischen Sicherheit) betreffen, die Ablösung von vergilbten Siegerrechten durch eine friedensvertragliche Regelung, die wahrscheinlich weitere, wenn auch reduzierte Anwesenheit fremder Truppen – das alles läßt sich nicht in wenigen Monaten regeln. Wir können auch kein Interesse daran haben, daß dies mit heißer Nadel genäht wird. Und außerdem haben wir kein Interesse daran, daß andere allein oder an unserer Stelle sich mit unseren Partnern vereinbaren. Vergessen wir nie, allein an unmittelbaren Nachbarn haben wir ihrer neun.

Europa ist das eigentliche Thema. Von uns wird einiges erwartet, damit Europa vorankommt. Und wir haben unser Volk davon zu überzeugen, daß es unverantwortlich wäre, wollten wir uns den *globalen* Herausforderungen entziehen: Vom Kampf gegen den Welthunger und die Seuchen bis hin zur Eindämmung der immer bedrohlicher gewordenen Gefahren für die natürliche Umwelt.

Inzwischen ist wohl kaum noch streitig, daß wir, wenn wir *Zusammenschluß* wollen, eine gemeinsame Verfassung brauchen, und die wird dann hüben wie drüben ihre Bestätigung durch das Volk finden müssen. Aber sicher kann man viel aus dem Grundgesetz übernehmen, mit dem wir im Westen nicht schlecht gefahren sind.

Das geeinte Deutschland läßt sich nicht sozial- und nachbarschaftsverträglich gestalten, wenn man nach der DDR-Gaststättenordnung – „Sie werden plaziert!" – verfährt. Die Stimme der Landsleute zwischen Rostock und Plauen darf nicht weniger wert sein als die der Bürger zwischen Flensburg und Passau. Gerade auch in Sachen Frieden – Europa – Solidarität haben wir Sozialdemokraten einiges einzubringen. Bebel, von dem eingangs die Rede war, ging vor 120 Jahren lieber ins Gefängnis, als Mittel für die Annexion von Elsaß-Lothringen zu bewilligen. Und vor immerhin 70 Jahren, auf ihrem Heidelberger Parteitag, hat sich die SPD auf so etwas wie die Vereinigten Staaten von Europa festgelegt. Nun sage ich ja durchaus nicht, wir könnten allein oder überwiegend von dem leben, was uns durch unsere Vorgänger mit auf den Weg gegeben wurde. Und doch ist es gut, wenn es einiges gibt, wovon sich zehren und was sich mehren läßt.

Ich danke Ihnen allen, besonders den vielen freiwilligen Helfern, und bitte Euch, liebe Parteifreunde, den Gruß Eures Ehrenvorsitzenden mit nach Hause zu nehmen. Sagt denen, die Euch hierhergeschickt haben: Ja, gemeinsam werden wir es schaffen.

Nach zwanzig Jahren

Erfurt, Domplatz, 3. März 1990

Ich freue mich, daß Sie trotz des etwas unfreundlichen Wetters in großer Zahl auf diesen Domplatz gekommen sind, auf dem ein wichtiges Stück deutscher Geschichte geschrieben worden ist. Ich sage meinen Respekt denen, die die friedliche Revolution des vergangenen Jahres zustande gebracht haben. Einen ganz besonderen Dank sage ich der Kirche, unter deren Schutzdach die Sprecher der Opposition sich haben zusammenfinden können.

Zwanzig Jahre Erfurt – das zeigt den gewaltigen Wandel an, der sich in Europa und vor allem auch auf deutschem Boden vollzogen hat. Damals, im März 1970, wurden unsere Hoffnungen auf Abbau der widernatürlichen Zerklüftung enttäuscht – heute stehen wir kurz vor der Verwirklichung der deutschen Einheit. Damals wurden Landsleute hier in dieser Stadt sogar verhaftet, weil sie den Kanzler der Bundesrepublik Deutschland freundlich begrüßten. Heute gehört der Stasinismus der Vergangenheit an, und niemand braucht insoweit noch Furcht zu haben. Damals, vor 20 Jahren, befand sich Europa noch in der Gefangenschaft des Ost-

West-Konflikts; heute befinden wir uns in einem Prozeß, der von gemeinsamer Sicherheit in Europa handelt und der zugleich handelt von der Zusammenarbeit, die gemeinsame Interessen zum Inhalt hat.

Für mich – und sicher nicht für mich allein – bleibt jener 19. März 1970 ein unvergeßliches Datum. Schon wegen all der unerlaubten Freundlichkeit, die ich auf dem Weg von Bebra bis Erfurt erlebte. Mir haben sich all die Fenster eingeprägt, aus denen verhalten gewinkt wurde. Und die Betriebe, vor denen sich Belegschaften versammelt hatten, obwohl sie es eigentlich gar nicht durften. Und dann hier in Erfurt die vielen, die mich voller Erwartung und Herzlichkeit in ihre Mitte nahmen, als ich vom Sonderzug zum „Erfurter Hof" ging. Das bleibt ein starker Eindruck von Menschen, die mich lautstark ans Fenster riefen und die ich um Mäßigung bitten mußte, weil ich mir sagte: Du bist morgen wieder im Westen, doch deine Landsleute bleiben hier.

Es hat dann Verhaftungen gegeben. Ich habe natürlich bei den damaligen Machthabern darauf drängen lassen, daß die Betreffenden schleunigst freigelassen würden. Dem ist, wie ich erfahren mußte, dann doch nicht in allen Fällen entsprochen worden. Noch vor wenigen Tagen habe ich in Zwickau jemanden getroffen, der damals hier festgesetzt worden war. Der hat leiden müssen. Immer wieder trifft man auf solche Schicksale. Das und noch Schlimmeres liegt nun Gott sei Dank endgültig hinter uns. Das soll und darf nie wiederkommen! Und es muß zum unerschütterlichen Willen unseres Volkes gehören: Politische Knebelung, Gewissenszwang, staatspolizeiliche Willkür darf es auf deutschem Boden nie mehr geben. Recht muß wieder ganz groß geschrieben werden. Recht, nicht Rache! Ich denke, darin sind wir uns alle einig, über die Grenzen von Gruppen, Glaubensgemeinschaften und Parteien hinweg. Ebenso wie wir darin einig sind oder sein sollten, daß wir bürokratische Mißwirtschaft und unfähiges Bonzentum endgültig hinter uns zu lassen haben.

Für die Jungen unter uns kann es gar nicht so einfach sein, unsere, der Älteren, Erinnerungen an die Zeit vor 20 Jahren (oder, noch davor, an den Juni 1953, das Aufbegehren erst der Bauarbeiter in Ost-Berlin und dann der Arbeiter vielerorts in der Republik, oder den 13. August 1961 mit dem schrecklichen Mauerbau in Berlin oder auch den Prager August des Jahres 1968, der tief deprimierend war), nachzuvollziehen. Vielleicht sollte ich erzählen, wie es überhaupt dazu kam, daß ich damals, im März 1970 in Erfurt mit demjenigen zusammentraf, der für die Regierung in diesem Teil Deutschlands verantwortlich zeichnete. Ich hatte mich bereit erklärt, trotz mancher Hemmungen nach Ost-Berlin zu gehen. Aber als man mir verbieten wollte, über West-Berlin anzureisen, habe ich mir das nicht bieten lassen. Und daraus wurde dann das Treffen in Deutschlands schöner, traditionsreicher Mitte – erst hier in Erfurt, zwei Monate später drüben in Kassel.

Die damaligen Gespräche mit Herrn Stoph waren unergiebig, aber sie waren notwendig. Weshalb? Wir mußten uns, wenn wir die Lage in Europa zu unseren Gunsten – das heißt zugunsten des Friedens, der Menschen und der Einheit – verändern wollten, zunächst um ein Mindestmaß an geordneten Beziehungen im geteilten Deutschland bemühen. Wir haben die Teilung auch damals nicht anerkannt, doch wir mußten sie politisch zur Kenntnis nehmen, um sie politisch überwinden zu können, und dabei sind wir jetzt.

Die unserer damaligen Ostpolitik zugrundeliegende Einsicht besagte erstens: Deutschland – dann auch Europa – würde nur zusammenwachsen, wenn die gefährlichen Ost-West-Spannungen abgebaut würden. Und zweitens: Deutschland würde nur zusammenkommen, wenn sich nicht nur die uns befreundeten Westmächte dafür aussprächen, sondern wenn auch als Ergebnis eines harten Ringens mit der Zustimmung der östlichen Großmacht zu rechnen sei. In *der* Lage sind wir jetzt.

Dazu ist es nicht von allein gekommen. Es kam dazu, weil die Menschen, die Völker im ganzen bisherigen Ostblock – nicht zuletzt in der DDR – gesagt haben: Jetzt reicht es! Wir sind das Volk! – und weg mit den Regimen der Entmündigung und der Entwürdigung! Das haben sie in Warschau gesagt, das haben sie in Budapest gesagt, und in Prag, und nicht zuletzt in der DDR.

Es kam zu der neuen Lage, weil der Westen an unserer Seite

blieb und seine starken Seiten unübersehbar wurden. Die Europäische Gemeinschaft, in die wir nun gemeinsam hineingehen, ist zum unübersehbaren Erfolg geworden. Die Bundesrepublik, was immer man in ihr noch besser ausgestaltet sehen möchte, braucht keinen internationalen Vergleich zu scheuen. Es kam auch zu der großen Veränderung, weil es inzwischen in der Sowjetunion eine moderne und aufgeschlossene Führung gibt. Ich beneide Gorbatschow nicht um seine Aufgabe, aber ich wünsche ihm Erfolg.

Damals wußte die Ostberliner Spitze natürlich, daß wir begonnen hatten, über den Vertrag zu verhandeln, den ich im August 1970 in der sowjetischen Hauptstadt unterzeichnet habe, übrigens bei Hinterlegung jenes „Briefes zur Deutschen Einheit" – er wurde sogar in das Ratifizierungs-Verfahren beim Obersten Sowjet eingeführt – durch den wir – in einem Europa des Friedens – unser Recht auf Selbstbestimmung, um als *ein* Volk wieder zusammenzukommen, eindeutig festhielten. So auch 1972 beim sogenannten Grundlagenvertrag zwischen den beiden deutschen Staaten. Dieses Recht liessen wir uns nicht abkaufen.

Aber wir mußten lange warten, bis daraus praktische Politik gestaltet werden konnte. Dazwischen lag im Dezember '70 der Vertrag mit Polen. Und ich sage Ihnen ganz offen: Ich habe bis zu dieser Stunde nicht die staatsmännische Kunst erkennen können, die darin liegen sollte, Zweifel an der heutigen Westgrenze Polens aufkommen zu lassen. Es macht keinen Sinn, immer wieder von den Grenzen anzufangen. Die Polen haben sich auch nicht ausgesucht, so weit nach Westen verschoben zu werden. Wir fänden im übrigen in der ganzen Welt keine Regierung, die uns unterstützte, wollten wir die Grenzfrage wieder aufwerfen. Das müßte man als Regierungschef in Bonn eigentlich auch erkennen. Es hat keinen Sinn, herumzueiern in der Frage der Ostgrenze! Wir müssen zwischen Deutschland und Polen einen Zustand erreichen, wie er heute schon zwischen Deutschland und Frankreich existiert. Die Grenzen müssen durchlässig werden. Man muß sich frei bewegen können in dem neuen Europa, an dem wir arbeiten. Das hängt zusammen mit der Frage, ob eigentlich *Wieder*vereinigung der richtige Ausdruck ist für das, was wir vor uns haben.

Mein Nach-Nachfolger im Amt des Bundeskanzlers hat mir neulich von dieser Stelle aus etwas vorgeworfen, was man ihm aufgeschrieben hatte. Er hat mir vorwerfen wollen, ich sei nicht immer für die Einheit gewesen. Das ist grotesk. Ich habe gesagt, es wird nichts *wieder* so wie es war. Das Reich kommt nicht wieder, die alte Ostgrenze kommt nicht wieder. *Neu* müssen wir zusammenkommen! Eine *Neu*vereinigung muß kommen und nicht eine *Wieder*vereinigung! Wenn mir nach Polemik zumute wäre, würde ich sagen, die Büchsenspanner des Regierungschefs in Bonn müssen es sich überlegen: Sie dürfen ihren Kanzler nicht den einen Tag als Kanzler der Einheit hochjubeln wollen und ihn am nächsten Tag in der DDR als Kanzler der Zwietracht auftreten lassen.

Ich weiß natürlich auch, daß hier gewählt wird. Und daß ich Mann einer Partei bin, hat sich herumgesprochen. Aber ich empfinde mich in diesen Wochen, wenn ich in verschiedenen Städten der DDR spreche, nicht in erster Linie als Parteimann, sondern als ein Deutscher aus dem deutschen Westen, der über Parteigrenzen hinweg zu den Landsleuten in diesem Teil Deutschlands spricht, seinen guten Willen bekundet, seine Verbundenheit und der seinen Rat anbietet für die Zeit, die jetzt noch folgt.

Mein Einheitspartei-Gegenüber von vor 20 Jahren, der damalige Ministerratsvorsitzende, stimmte immerhin mit mir darin überein – und ich mit ihm –, daß von deutschem Boden nie wieder Krieg ausgehen dürfe. Wir verständigten uns, abseits vom Verhandlungstisch, über einige simple, aber sehr bescheidene Sachfragen, die etwa das Postwesen betrafen. Dann konnten wir feststellen, daß wir – anders als bei den meisten internationalen Verhandlungen – der Unterstützung durch Dolmetscher nicht bedurften. Das war immerhin etwas.

Dem Ministerratsvorsitzenden war kaum beizubringen, daß wir im Interesse der betroffenen Menschen an wirklich normalisierten Beziehungen interessiert waren, *nicht* jedoch daran, daß wir im Verhältnis zueinander Ausland würden. Das war die SED-Forderung, und das konnte nicht unsere Zustimmung finden. Daß wir die Vergangenheit hinter uns lassen und den Durchbruch zu einer europäischen Friedensordnung wagen wollten, davon haben wir uns nicht abbringen lassen. Und daß dazu die Grenzverhaue fallen müßten, wie die Mauer in Berlin, von der ich sagte, sie stehe gegen den Strom der Geschichte, und sie ist ja jetzt auch gefallen.

Trotz aller Halsstarrigkeit der damaligen SED-Führung haben wir uns mühsam vorangearbeitet – zum Verkehrsabkommen, zum Berlin-Abkommen der Vier Mächte, zur Regelung einer Reihe anderer Sachfragen. Dies alles blieb unzulänglich, aber es half die nationale Substanz zu erhalten, ohne die eine Politik der deutschen Einheit keinen Boden hätte.

Ich will den internationalen Einfluß der bundesdeutschen Politik nicht wichtiger nehmen, als ihm nach nüchterner Wertung zukommt. Aber kein ernsthafter Betrachter der Zusammenhänge kommt mehr daran vorbei, daß unser damaliges zähes Bemühen zu einer veränderten europäischen Landschaft nicht wenig beigetragen hat. Ohne dieses Bemühen wäre es nicht 1975 in Helsinki zum gesamteuropäischen Abkommen der KSZE gekommen (aus der viel mehr geworden ist, als die meisten zunächst für möglich hielten). Wir mußten auf diesem Weg gegen viel Ungläubigkeit angehen. Auch im Deutschen Bundestag gab es dafür nicht sofort Zustimmung, sondern ein hartes Ringen. Es wäre auch nicht ohne unser zähes Bemühen und ohne den klar erkennbaren Willen der Menschen in der DDR, zu den inzwischen erfolgversprechenden Wiener Verhandlungen über den gleichgewichtigen Abbau von Truppen und Rüstungen in Europa gekommen. Dies alles bekommt nun zusätzliche Bedeutung, wenn in absehbarer Zeit über die Formen unserer äußeren Sicherheit, also der äußeren Sicherheit des geeinten Deutschland (und dabei sehr verspätet über eine friedensvertragliche Regelung), zu befinden sein wird.

Es gibt drei deutlich voneinander unterscheidbare Etappen der deutschen Einheit, die vor uns liegen. Die erste umfaßt all das, was mit dem unmittelbaren Leben der Menschen in beiden Teilen zusammenhängt: Wirtschaftseinheit, Währungseinheit, Sozialeinheit, gemeinsame Umweltpolitik, gemeinsame Politik für die Erneuerung unserer Städte. Das alles hat nicht Zeit bis irgendwann in der Zukunft. Das muß und kann auch in diesem Jahr noch begonnen werden. Und wenn ich in diesen Tagen mehrfach gesagt habe, der Zug zur deutschen Einheit rollt, dann gehört zu diesem Bild auch der zweite Satz – es dürfen dabei keine Landsleute unter die Räder kommen! Ob das die Sparer sind, oder die Rentner, oder die Arbeitnehmer, die durch Umstellungen in zwischenzeitliche Gefahr geraten. Deshalb ist die soziale Absicherung der nationalen Einheit, des Zusammenwachsens von so großer Bedeutung. Das ist die erste Etappe. Und laßt mich noch hinzufügen, weil ich glaube, es ist wichtig: Ich werde manchmal gefragt, sind Sie sich denn so sicher, daß das einigermaßen auch klappt? Ich hab das neulich besprochen mit dem Präsidenten der Europäischen Kommission in Brüssel, mit Jacques Delors. Er hat mir gesagt: Von allen Ländern des bisherigen Ostblocks wird die DDR am ehesten wieder auf den Beinen sein. Auch wenn die wirtschaftliche Infrastruktur veraltet ist – aber sie ist da, sie kann relativ rasch modernisiert werden, wenn das Kapital eingesetzt wird –, Facharbeiter sind da, Techniker, Wissenschaftler. Andere beneiden uns um diese Ausgangslage. Jetzt muß das westdeutsche Kapital auch da sein, aber dieses Kapital kommt nicht aus der Privatschatulle eines Bundeskanzlers, sondern wir Steuerzahler in der Bundesrepublik, die breiten Schichten, und der Deutsche Bundestag und die Länder entscheiden darüber. Es wäre noch schöner, wenn sich irgendeiner aus parteipolitischer Verkennung dieser gemeinsamen Aufgabe entzöge.

Zweite Etappe: Die beiden deutschen Regierungen, die es zunächst noch in der Übergangszeit gibt, wenn sie auch für die Wirtschaft und die Währung schon gemeinsame Organe schaffen, einigen sich rasch über eine Verhandlungsgrundlage mit den Vier Mächten, die sich Sonderrechte für das ganze Deutschland vorbehalten haben, und mit den anderen Europäern, zumal mit den unmittelbaren Nachbarn. Da wird ausgehandelt, in welcher Art von europäischer Sicherheit Deutschland hineinpaßt. Bleiben noch für eine Übergangszeit fremde Truppen auf unserem Boden, in geringerer Zahl, zeitlich begrenzt? Man wird sich einigen, es wird ein bedeutender Schritt werden, und es ist zugleich eine Entscheidung über den noch ausstehenden Friedensvertrag.

Ich glaube nicht, daß uns die Formel „Neutralität" weiterhilft. Neutralität kann man ja nicht so verstehen, als habe man z. B. keine eigenen Werte, als wäre man in moralischen Fragen neutral oder wolle sich drücken. Deutschland ist einfach zu groß und wirtschaftlich zu stark, um ausgegliedert werden zu können. Die Frage ist nicht, wie wir ausgegliedert werden, sondern auf neue Weise einbezogen werden in ein solides System europäischer Zusammenarbeit und Sicherheit. Eine Bemerkung füge ich noch hinzu, damit ich nicht mißverstanden werde: Europa wird sehr wichtig sein, gerade für die Deutschen.

Aber es gibt nicht nur Europa. Wir leben in einer Welt, in der Millionen Menschen Hunger leiden, die eigentlich satt gemacht werden könnten. Die Welt sieht so aus, daß sie nicht alle Menschen gleich, wohl aber, daß sie alle Menschen satt machen kann, aus Mitteln, die freigesetzt werden durch den Abbau von Rüstungen. In den vor uns liegenden Jahren muß ein Teil – ich sag ja nur ein Teil – abgezweigt werden zum Kampf gegen Hunger und Elend in der Welt und zum Kampf gegen die Umweltgefahren, die nicht nur im eigenen Land liegen, sondern auch von außen auf uns zukommen. Das also ist die zweite Etappe.

In der Zwischenzeit müssen wir uns eine neue Verfassung geben. Es gibt einige, die meinen, das könnte man auch durch einen Anschluß machen, und auf die Menschen in der DDR würde es gar nicht mehr ankommen. Das halte ich für falsch. Wenn man den blossen Beitritt zur Bundesrepublik beschließen würde, etwa durch die Volkskammer nach dem 18. März, wogegen ich ja nichts hätte, müßte man ja trotzdem noch über eine Mehrzahl praktischer Dinge miteinander reden. Ich bin dafür, daß wir das Grundgesetz der Bundesrepublik Deutschland zugrunde legen, aber genau hinschauen, wo die Erfahrungen der Menschen in der DDR eingebracht werden können. Das bringen wir dann zur Abstimmung durch das Volk, im einen wie im anderen Teil Deutschlands, denn ich möchte, daß die Deutschen von der Ostsee bis Plauen keinen geringeren Einfluß darauf haben als die Deutschen von Flensburg bis Passau. Ich appelliere an das Selbstbewußtsein meiner Landsleute in der bisherigen DDR, daß sie sich dies auch nicht abkaufen lassen!

Es hat lange gedauert, bis wir dort standen, wo wir heute stehen, und ich verstehe wohl, daß die Geduld unserer Landsleute in der DDR auf eine harte Probe gestellt wurde. Doch ich denke, was zählt, ist der *Ausgang* eines harten Ringens. Nun, nahe am Ziel eines dornenreichen und opfervollen Weges, sollten wir uns kleinlichem Gezänk nicht hingeben. Wer der Einheit dienen will, darf nicht neue Zwietracht säen.

Vor allem dürfen wir auch nicht vergessen, was die Menschen in der bisherigen DDR während der zurückliegenden Jahre geschaffen – und welche besonderen Erfahrungen sie gemacht haben. Was vor uns liegt, wird auch noch schwierig sein. Gemessen an dem, was hinter uns liegt, wird es jedoch nicht allzu schwer wiegen. Gemeinsam werden wir es schaffen, davon bin ich überzeugt.

Wohl wissend, daß meine Freunde mit ihrer thüringischen Liste und für die Republik im Ganzen sehr viel Unterstützung verdient haben, sage ich: Zunächst kommt es darauf an, den Menschen zu vermitteln, daß sie am 18. März zur Wahl gehen und sich nicht entziehen! Die ganze Welt guckt auf die DDR, nicht nur der deutsche Westen. Darauf, wie stark das Votum der Menschen, der Frauen und Männer, der Jungen und Alten ausfällt. Daran wird gemessen, mit welcher Gesinnung und mit welcher Entschlossenheit die Menschen in diesem Teil Deutschlands an den neuen Abschnitt ihrer Geschichte herangehen, der dann zugleich den Übergang bedeutet zu einem hoffentlich guten Abschnitt der deutschen Geschichte im Ganzen.

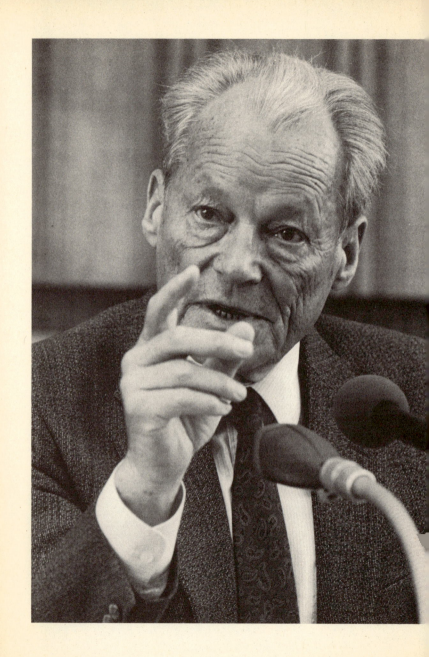

Im Interesse der Einheit

Bonn, Bundespressekonferenz, 15. März 1990

1.

Was immer sonst die Parteien in Deutschland trennen mag, sie sollten ein gemeinsames Interesse daran haben, daß aus den Wahlen in der DDR als eindeutiger Gewinner die Demokratie hervorgeht. Und daß mit der aus diesen Wahlen hervorgehenden ersten freigewählten Regierung unverzüglich vereinbart wird, was im Interesse der deutschen Einheit geboten ist – ohne schuldhaftes Verzögern, auch ohne unverantwortliche Überstürzung.

Die kurzatmige und rechthaberische Berufung allein auf Artikel 23 des Grundgesetzes hat sich nicht als ein Königsweg, sondern als ein Holzweg erwiesen. Bei den Landsleuten in der DDR, zu *deren* Disposition die erwähnte Verfassungsbestimmung stünde, konnte der Eindruck aufkommen, ihr Wort sei im Prozeß des Zusammenschlusses nicht mehr gefragt. Bei den Verbündeten der Bundesrepublik und bei anderen im Ausland machten sich Irritationen geltend, da sie sich über Inhalt und zeitliche Abfolge der deutschen Pläne nicht hinreichend informiert fühlten (oder sogar den Eindruck gewannen, sie sollten überspielt werden).

Wenn neuerlich eine regierungsamtliche Kurskorrektur bekanntgegeben und der Öffentlichkeit vermittelt wird, die Vereinigung werde mehr als einige Wochen oder auch Monate in Anspruch nehmen, so ist der hierin liegende Realismus zu begrüßen. Unverständlich bleibt, warum über Fragen von solch nationaler Bedeutung, bei unterschiedlicher Berufung auf die verfassungsmäßigen Grundlagen, nicht gemeinsam zwischen Regierung und Opposition beraten wird.

Die meisten der Veranstaltungen in der DDR, zu denen ich eingeladen wurde, habe ich jetzt hinter mir. Die Aufnahme war überaus freundlich, die Teilnahme stark. Im Laufe der letzten Wochen begann sich freilich die Freude darüber, daß der Zug rollt, mit der Sorge derjenigen zu mischen, die befürchten, mit ihren existentiellen sozialen Anliegen unter die Räder zu kommen.

Für die unmittelbar betroffenen oder verunsicherten Menschen in der DDR ist es entscheidend, daß sie einer weiteren quälenden Hängepartie nicht ausgesetzt werden, sondern möglichst rasch nach dem 18. März Klarheit erlangen. Auf den Gebieten, die das tägliche Leben der Menschen betreffen, darf es nicht neue Vertröstungen und widersprüchliche Ankündigungen geben, sondern es gilt, zügige Entscheidungen zu treffen über den Einstieg in die Wirtschafts- und Währungseinheit (und einiges darüber hinaus), mit dem gebotenen Maß an sozialer Absicherung.

Ankündigungen während des Wahlkampfes in der DDR – seitens verschiedener bundesdeutscher Regierungsstellen – hinsichtlich umzutauschender Spargelder und aufzustockender Renten mußten wenig hilfreich bleiben. Von unserer Regierung wurde und wird, im Zusammenwirken mit der neuen DDR-Regierung, ein geschlossenes Konzept erwartet, das die Lohn-Preis-Relation ebensowenig ausspart wie die Mieten. Angesichts weithin ungeklärter Eigentumsverhältnisse warten viele auf eine klare Aussage darüber, ob (und in welchem Umfang) bundesdeutsches Recht in der bisherigen DDR zu *rück*wirkender Geltung gebracht werden soll. Niemand, der die Verhältnisse kennt, zweifelt an der Tragweite der ausstehenden Antworten.

2.

Die nationale Einheit ist in erster Linie Sache der Deutschen, aber sie ist – woran wir jetzt erinnert werden – nicht deren Sache allein. Es ist von großer Bedeutung, daß vernünftig und zeitig geklärt wird, wie das geeinte Deutschland europa- und sicherheitspolitisch eingebettet sein wird.

Mittlerweile ist nicht wenigen klargeworden, daß schon – im Vorfeld der politischen Einigung – die innerdeutsche Wirtschafts- und Währungseinheit Fragen aufwirft, die sachlich nicht ohne vertrauensvolle Konsultation in der Europäischen Gemeinschaft beantwortet werden können, wenn man so will, nach der Formel „1 in 12".

Die Verhandlungen nach der Formel „2 plus 4" haben, was die Verfahrensfragen angeht, begonnen. Sie werden sich vorrangig mit sicherheitspolitischen Fragen – und mit solchen, die sich aus dem Ausbleiben eines Friedensvertrages ergeben – zu befassen haben. Wenn es noch Restbefugnisse für Deutschland als ganzes gibt, lassen sich diese nur durch innerdeutsche (Verfassung) und internationale (Verträge) Rechtsetzungen ablösen.

Die Verhandlungen bzw. Konsultationen im Helsinki-Prozeß (nach der Formel „2 in 35") sollten nicht als bloße Pflichtübung, sondern als notwendiger Beitrag zur Bereinigung der europäischen Szene gewertet werden.

Ich plädiere zusätzlich für die Formel „2 plus 9", wodurch der besonderen Bedeutung des neuvereinten Deutschland für seine unmittelbaren Nachbarn Ausdruck verliehen würde. Daß einzelne Nachbarn wegen ihrer besonderen Lage und Probleme ihren Platz an mehreren Tischen einnehmen würden, muß uns nicht beschweren, wenn nur das Gesamtwerk des neuen Friedens nicht Schaden leidet.

Die dilettantische (wenn nicht schlimmer einzustufende) Behandlung des Themas der deutsch-polnischen Grenze hat uns das Gewicht gewisser Schwierigkeiten, 45 Jahre nach Kriegsende, neu erkennen lassen. In der DDR nehmen die Bürger hieran regen Anteil.

3.

Meines Erachtens war es nicht nötig, soviel Unsitten bundesdeutscher Wahlkämpfe in das wahlpolitisch jungfräuliche DDR-Gelände zu exportieren. Ich meine, es war zum Beispiel ganz und gar unzulässig, Wähler in der DDR damit einschüchtern zu wollen, daß Hilfen des Bundes von ihrem Wohlverhalten in der Wahlkabine abhängig sein würden („ohne Kohl keine Kohle"). Auch der wiederholte Versuch, den Sozialdemokraten zu unterstellen, sie befänden sich in der Nähe der bisher regierenden Kommunisten (oder seien von diesen unterwandert), mußte Bitterkeit hinterlassen. Dies besonders im Gedenken an Tausende von Parteifreunden, die von der damals herrschenden Gewalt eingekerkert waren, und Hunderter, die zu Tode gebracht wurden.

Ich frage mich, ob nicht der Bundespräsident bald nach dem 18. März die Vorsitzenden der im Bundestag vertretenen Parteien zu sich bitten sollte, um mit ihnen unter dem Gesichtspunkt gesamtnationaler Verantwortung über Erfahrungen zu sprechen, die sich aus bundesdeutscher Teilnahme am DDR-Wahlkampf ableiten lassen.

Von anderem, mich nicht wenig Beschwerendem, abgesehen: Die Startchancen für die in der DDR kandidierenden Parteien waren besonders ungleich. Zumal zu Lasten derjenigen, die sich für die Ankündigung ihrer Veranstaltungen nicht einmal auf Zeitungen der bisherigen Blockparteien stützen konnten. Auch über Einseitigkeit in den Programmen westdeutscher Medien wurde geklagt.

Ich kann nicht ausschließen, daß sich andere durch Vorgänge

beschwert fühlen, die mir jetzt nicht bewußt sind. Darüber sollte sachlich gesprochen werden. Und zwar nicht so, als gehe es darum, Ausschreitungen während eines Kolonialkrieges wegzuerklären, sondern um künftig stärker zu bedenken: In den bevorstehenden Phasen des Übergangs kommt es sehr darauf an, das Selbstwertgefühl der Landsleute in der DDR nicht zu verletzen, sondern in ihnen das Bewußtsein gleichwertiger Partnerschaft zu stärken.

Der Demokratie zum Sieg verhelfen

Rostock, Universitätsplatz, 17. März 1990

Ich habe mich herzlich für die freundliche Aufnahme und dafür zu bedanken, daß ich heute wieder hier in Rostock sein kann. Ich sehe hier drei Fahnen, die eigentlich von dem handeln, was jetzt vor uns liegt. Da sind zunächst die deutschen Farben, die Farben des deutschen Freiheitskampfs des vorigen Jahrhunderts. Dann sehe ich dort die alten Farben Mecklenburgs, und dazwischen weht die Europa-Flagge. Ja, das ist es: Deutschland ist auf dem Weg zur Einheit unter dem gemeinsamen schwarz-rot-goldenen Symbol. Mecklenburg wird wieder Mecklenburg sein. Und miteinander werden wir uns einfügen als loyale, aber auch selbstbewußte Teile in jenes Europa, das die größere gemeinsame Heimat ist. Nicht allein die Landsleute in der DDR haben sich im letzten Jahr auf den Weg gemacht, auch die anderen Länder zwischen Deutschland und der Sowjetunion dürfen wir nicht vergessen. Einige haben es sogar leichter gemacht, daß sich hier die Dinge verändern konnten. Und über allen eigenen Überlegungen und Anstrengungen sollten wir nicht vergessen: Ein bißchen hat auch geholfen, daß in der Sowjetunion jemand das Sagen hat, der moderner ist als seine Kollegen.

Man hat hier an den 6. Dezember erinnert. Auch für mich war das ein unvergeßlicher Tag hier in der Marienkirche. So wie wir denen weiterreichende Dankbarkeit schulden, die anderen ein bißchen voraus waren oder sein konnten, so danken wir den Kirchen dafür, daß sie ihr schützendes Dach bereitgehalten haben, unter dem sich diejenigen zusammenfanden, die das Neue in Worte kleideten und auf den Weg brachten. Manches droht schon ein wenig zu verflachen. Da muß man sehr aufpassen, denn im Grunde bleibt das richtig, was damals im Herbst seinen Anfang nahm. Aber man überlege sich einmal: Wer von uns hätte vor einem Jahr gedacht, daß wir an diesem 17. März 1990 hier stehen würden unter diesen veränderten Verhältnissen, mit diesen neuen Chancen – sicher, auch noch mit Ungewißheiten –, aber mit größeren Chancen, als wir damals zu hoffen gewagt hätten. Und auch seit jenem 6. Dezember des hinter uns liegenden Jahres – was ist in diesen drei Monaten alles geschehen in diesem erregenden Prozeß der Umgestaltung bis hin zu den Wahlen, die morgen anstehen! Es ist auch viel Unsicherheit dazugekommen, was denn nun werden soll. Deshalb haben die Wahlen die Hauptaufgabe, die Demokratie siegen zu lassen und klare Verhältnisse zu schaffen. Die Wahlen müssen Frauen und Männern, die das Vertrauen des Volkes genießen, die Möglichkeit geben, nicht alles auf einmal zu machen, aber alles Wichtige, was das Leben der Menschen betrifft, in den nächsten Monaten auf den Weg zu bringen.

Seit jenem 6. Dezember ist ein Staat – oder was sich so nannte – zerbrochen. Mein Respekt gilt nicht nur denen, die das angestoßen haben, sondern auch denen in den Städten und in den Bezirken, die in der Vorbereitung der Wahlen am morgigen Tag unter ganz ungewöhnlichen Bedingungen – fast möchte man sagen, unter den Bedingungen der Doppelherrschaft – dafür gesorgt haben, daß kein Chaos entstanden ist. Meine sozialdemokratischen Freunde in diesem Teil Deutschlands haben es nicht allein vollbracht, aber sie haben ihren redlichen Anteil daran. Und ich empfehle Ihnen, meinen sozialdemokratischen Freunden dabei zu helfen, daß sie ihren Anteil einbringen können in die neue Regierung. Auch wenn wir so stark werden, wie wir hoffen, es werden zu können, müssen wir trotzdem die Basis verbreitern und andere demokratische Kräfte mit in die Verantwortung nehmen!

Wie es überhaupt sozialdemokratische Art ist, nicht zu meinen, man verfüge allein über die ganze Weisheit. Das ist die Art totalitärer Parteien, die sich nur Parteien nennen und es gar nicht sind, weil sie sich für das Ganze halten. Wenn man Partei, also Teil des Ganzen ist, muß man mit anderen um das ringen, was der rechte Weg sein mag, und darf nicht glauben, einer verfüge allein über die letzte Wahrheit. Aber man muß auch alles einbringen, was man einbringen kann, und darf nicht nur streiten wollen in der Demokratie. Man muß auch zusammenstehen können in der Demokratie, wenn es um so wichtige Aufgaben geht. Und was wäre jetzt wichtiger als die europäische Einheit, als die deutsche Einheit in europäischer Einbettung, daß die möglichst breit abgestützt ist in der bisherigen DDR! Es könnte durchaus sinnvoll sein – auch in der Bundesrepublik –, auf den Gebieten, die von nationaler Gesamtverantwortung handeln, zusammenzurücken statt sich künstlich auseinanderdividieren zu lassen.

Manches, was in diesem Wahlkampf herübergeschwappt ist aus Westdeutschland, habe ich nicht gern gehört und gesehen. Auch insofern bin ich ganz froh, daß dieser Wahlkampf jetzt zu Ende ist. Man fragt sich ja manchmal auch, wann man wieder Zeit zu vernünftiger Arbeit findet – so schön es ist, herumzukommen und dabei Städte zu sehen, die man bisher nie gesehen hatte. Ich war nie in Greifswald gewesen vor dem heutigen Tag; ich war nie in Frankfurt an der Oder gewesen bis zum letzten Samstag; ich war nie im Vogtland gewesen. Das gehörte zu den Bereicherungen dieser letzten Wochen.

Zwei Dinge haben mir überhaupt nicht gefallen, was den Wahlkampf-Export aus der Bundesrepublik in diesen Teil Deutschlands angeht. Das eine war diese unglaublich törichte Unterstellung, die Wählerinnen und Wähler in der DDR würden ihr Wahlverhalten davon abhängig machen, wer gerade in Bonn regiert. Ich meine dieses dumme Motto: „Ohne Kohl keine Kohle".

Das unterstellt doch eine unterentwickelte Intelligenz der Menschen in der DDR. Als ob die sich ihr Wahlverhalten durch Wohlverhalten abkaufen ließen. So ist es ja nicht. Als ob die in der Tat großen Leistungen, die beim wirtschaftlichen Zusammenwachsen zu erbringen sind, aus der Privatschatulle des Bonner Kanzlers kämen! Es wird eine ganze Menge kosten, aber es wird sich auch lohnen, nicht nur für die Menschen hier, sondern für alle. Zunächst muß eine Menge Kapital mobilisiert werden. Aber das holt doch kein Minister aus seiner Westentasche; das kommt doch aus den Ländern, ob sie nun sozialdemokratisch oder anders regiert sind; das kommt von den Arbeitnehmern und von den Unternehmen, von den Steuerzahlern! Kein Bundeskanzler könnte sich halten in Bonn, wenn er letzten Endes aus engen parteipolitischen Gründen nicht das täte, was jetzt notwendig ist an Ausgleich. Zumal ja ohne jeden Zweifel die Menschen in der bisherigen DDR den größten Teil der Lasten des letzten Krieges getragen haben.

Das andere, was mich besonders gestört hat, war die unglaubliche Behauptung, man könne ein Gleichheitszeichen setzen zwischen den freiheitlichen Sozialdemokraten und den bisher regierenden Kommunisten. Mich hat das deshalb so empört, weil damit neben der Geschichtsklitterung auch eine Schmähung verbunden ist, eine Schmähung von Opfern. Ich habe manche von ihnen gekannt. Und am 6. Dezember habe ich hier daran erinnert, daß zwei Führer der damaligen Sozialdemokratie in Rostock, die gegen die Zwangsvereinigung mit den Kommunisten waren, verhaftet worden sind, verurteilt worden sind, gepeinigt worden sind in Ulbrichts Gefängnissen. Der eine von beiden landete in Rußland und war schwer mitgenommen, als er zurückkam. Und es steht neben mir eine Frau, die jetzt als Ehrenmitglied dem Vorstand der Sozialdemokraten in diesem Teil Deutschlands angehört, die noch in der Zeit danach Schweres hat durchmachen müssen. Und ich denke auch an so jemanden wie den ersten sozialdemokratischen Bürgermeister dieser Stadt nach dem Kriege, der von der Besatzungsmacht abgesetzt wurde und dann weggehen mußte, um nicht schweren Schaden zu erfahren. Vor einem solchen Hintergrund, daß nämlich Tausende ihrer sozialdemokratischen Überzeugung wegen in diesem Teil Deutschlands eingekerkert wurden, und nicht Dutzende, sondern Hunderte ihr Leben haben lassen müssen, finde ich es empörend, wenn man den Sozialdemokraten das Gegenteil dessen anhängen will, was ihren wirklichen Weg ausmacht in diesem Nachkriegsdeutschland.

Ich möchte im Anschluß an das, was Ibrahim Böhme gesagt hat, vor allem eines unterstreichen: Der wirtschaftliche Einigungsprozeß – das ist ja der Teil der Einheit, der zunächst noch mehr interessiert als alles andere –, dieser wirtschaftliche Teil der Einigung wird nicht ganz einfach werden. Da wird es Umstellungen geben. Aber es wird ein letzten Endes erfolgreicher Vorgang sein, weil überhaupt kein Zweifel daran sein kann, daß dieser Teil des bisherigen Ostblocks alle Chancen hat, anderen voran zu sein. Das sehen auch unsere Partner in Europa so. Es werden nicht viele Jahre vergehen, und dann wird die bisherige DDR auch im Vergleich zur Bundesrepublik der modernere Teil sein. Denn wenn westdeutsche Firmen sich engagieren, dann tun sie das doch nicht, indem sie veraltete Ausrüstungen in die DDR bringen, sondern dann tun sie das doch, um Ausrüstungen nach dem modernsten Stand der Technik zu bringen, wohlwissend, daß es hier tüchtige Arbeitskräfte gibt, Facharbeiter und Techniker und Wissenschaftler. Es müßte doch mit dem Teufel zugehen, wenn daraus nichts wird. Ich rate nicht zu blindem Optimismus, aber zu begründeter Zuversicht. Das alles muß natürlich sozial abgesichert sein, und es muß auch das Verkehrswesen umfassen und die Erneuerung der Städte, die zurückgeblieben sind, und die Umwelt, die nur noch gesamtdeutsch – und bald nur noch gesamteuropäisch – in Ordnung gebracht werden kann. Ich bin zuversichtlich, dies wird passieren. Dabei wird es einige Unebenheiten geben, aber damit werden wir fertig werden. Das ist meine Überzeugung. Das ist mein Vertrauen, das ich zu den Menschen in der DDR und nicht nur in Mecklenburg habe.

Ein bißchen komplizierter ist der Teil der deutschen Einheit, der damit zusammenhängt, daß wir endlich definitiv die Last des letzten Krieges hinter uns bringen müssen und auch auf andere Weise uns verständigen müssen mit unseren Nachbarn. Wir haben mehr Nachbarn in Europa als irgendein anderes Land in Europa. Wenn man alle europäischen Staaten nimmt und die Sowjetunion dazuzählt und die beiden nordamerikanischen Staaten, die als alteuropäische Staaten dazugehören, dann sind das fünfunddreißig, und wir sind zwei davon (und bald nur noch einer). Dann haben wir das besondere Problem, daß es immer noch vier Mächte gibt, die als Hauptsieger des letzten Weltkriegs besondere Restbestände von Kompetenzen für Deutschland als Ganzes geltend machen. Das muß abgewickelt werden. Dabei kann man die anderen aber nicht überrollen.

Es fängt aber damit an, daß wir auch die ökonomische Einheit, die währungspolitische Einheit einfügen müssen in die Europäische Gemeinschaft, die sich in den letzten Jahren gut entwickelt hat. Wir im Westen wollten da nicht raus, sondern wir wollen euch mit hineinnehmen in die Europäische Gemeinschaft. Wir wollen auch nicht, daß die EG sich abschließt als Zitadelle, sondern wir sagen – wie Präsident Mitterrand in Frankreich –, wirtschaftlich muß so etwas wachsen wie ein größerer europäischer Raum, und in der Zeit, die kommt, vielleicht auch eine Art Konföderation aller europäischen Staaten unter Einbeziehung derer im anderen Teil Europas, die sich auf ihre Weise auf den Weg der Vielfalt, des Pluralismus, der parlamentarischen Demokratie begeben haben. Es wird ja nicht nur morgen in der DDR gewählt, es wird auch in Ungarn gewählt, es wird bald in der Tschechoslowakei gewählt, die Polen haben schon gewählt, und selbst in der Sowjetunion finden freie Wahlen statt, man hätte es ja nicht für möglich gehalten. Und überall entfalten sich sozialdemokratische Bewegungen. Manchmal sind es auch nur alte Bewegungen mit neuem Etikett, aber man schaut genau hin, was daraus wird. Wir erleben eine Art Renaissance, eine Wiedergeburt der Bewegungen der Sozialdemokratie. Insofern fügt sich das, was uns zusammenführt, woran wir arbeiten, in einen großen und wichtigen Zusammenhang ein.

Schon über die Wirtschafts- und Währungseinheit müssen wir uns mit den Partnern in der EG abstimmen. Aber wir in der Bundesrepublik wollen auch nicht einfach aus der NATO heraus.

NATO bedeutet ja auch den Zusammenhalt der Westeuropäer und Amerikaner, mit denen wir alles in allem gut zusammengearbeitet haben, und die uns – wenn wir ehrlich sind – ja auch manchesmal geholfen haben, als wir in Bedrängnis waren. Es war ja nicht so, daß wir nicht manchmal auch der Unterstützung und des Schutzes anderer bedürftig gewesen wären. Es wäre doch undankbar, das jetzt einfach hinter sich zu lassen. Nur darf man an dieses Problem nicht herangehen, indem man glaubt, daß das, was Anfang 1990 noch gilt, auch in drei Jahren noch gelten wird.

Der Warschauer Pakt, zu dem die DDR ja noch gehört, steht eigentlich nur noch auf dem Papier. Ich sehe keine bedrohenden Divisionen aus diesem Teil Europas. Das war mal anders. Die Sowjetunion bleibt aber – trotz aller Schwierigkeiten – eine starke Macht, die man auch ernst nehmen muß. Die NATO wird auch nicht das bleiben, was sie ist, sondern wird wahrscheinlich eine mehr europäisch geprägte Organisation werden. Wir erleben einen Prozeß starker Truppenreduzierungen durch Verträge. Die Truppen werden begrenzt. Die Rüstungen werden begrenzt. Das kann uns nur recht sein. Das wird uns weiterbringen. Es bleiben trotzdem noch fremde Truppen auf deutschem Boden. Wenn es nach mir ginge, nicht unbegrenzt: Wozu sollen wir Verträge schließen, wenn darin nicht festgelegt wird, wie viele und wie lange. Da kann es Übergangszeiten geben. Aber irgendwann wollen wir wieder unter uns sein.

Und was ist mit unseren eigenen Streitkräften? Da werden viele, gerade der Jüngeren, sagen: Brauchen wir überhaupt welche? Wenn ich mir die Verhandlungen mit unseren Nachbarn vorstelle, dann werden die uns so etwas fast aufdrücken wollen. Wir müssen dann versuchen, es möglichst stark zu begrenzen. Die werden sagen, ein Staat von der Größe Deutschlands, mit der Wirtschaftskraft Deutschlands, unter den geographischen Gegebenheiten, kann wohl nicht ein Vakuum sein, weil geschichtliche Erfahrung zeigt: Wo ein Leerraum geopolitischer, geostrategischer Art – ich mag den Ausdruck sonst nicht – entsteht, ist die Gefahr vorhanden, daß äußere Macht – welche es auch immer sei – in dieses Vakuum hineinstößt. Aber für eine starke Begrenzung deutscher Streitkräfte bin ich allemal, und ich bin zumal dafür, daß wir keine Atomwaffen haben wollen.

Und noch etwas: Wenn die Rüstungen zurückgehen und damit auch die Rüstungsausgaben, dann wissen die uns Regierenden wahrscheinlich, was man mit dem dann frei werdenden Geld anfangen kann. Auch die wohlhabendsten Staaten haben vernachlässigte Aufgaben. Trotzdem dürfen wir in diesem Prozeß nicht völlig vergessen, daß es in anderen Teilen der Welt Menschen gibt, denen es sehr viel schlechter geht als uns. Das heißt nicht vergessen, wie viele Millionen Mütter heute abend ihre Kinder hungrig zu Bett bringen müssen. Und das in einer Welt, die nach allem, was ich erinnern kann, die Menschen zwar nicht gleichmachen, aber wenn sie denn vernünftig organisiert wird, alle Menschen gleich satt machen kann. Und es liegt an uns, dafür zu sorgen, daß ein Teil dessen, was sonst weiter verpulvert würde, umgelenkt wird für den Kampf gegen Hunger und Elend, gegen alte und neue Seuchen und gegen die Abwehr solcher Umweltgefahren, die nicht bei uns zu Hause entstehen, sondern die von weit her aus anderen Teilen der Welt auf uns zukommen. Das ist eine große Aufgabe, zusätzlich zu anderen Aufgaben, und ich wünsche der nachfolgenden Generation, daß sie dabei größeren Erfolg haben möge als es uns bisher beschieden war.

Die Wahlen: Ich denke, das ist mehr als eine Pflichtübung morgen. Da schaut nun wirklich die ganze Welt zu, und es ist wirklich wichtig, daß eine Regierung, die auf soziale Gerechtigkeit und soziale Verwirklichung der deutschen Einheit aus ist, die Dinge in gutem Zusammenwirken mit Bonn voranbringt. Das ist ja alles nur ein Übergang. Denn lange bevor die Volkskammer ein zweites Mal frei gewählt werden würde, werden wir gemeinsam ein deutsches Parlament wählen. Das sich einigende Deutschland braucht als Dach eine gemeinsame Verfassung. Wenn ich daran mitzuwirken habe, werde ich sagen: Gehen wir aus vom Grundgesetz, das sich bei uns bewährt hat. Und ergänzen wir es durch das, was sich nicht nur technisch aus dem Einigungsvorgang ergibt. Ich denke ja doch, daß auch einige Erfahrungswerte – moralische Kategorien, wenn man so will – einfließen aus dem besonderen Erfahrungsschatz, der sich hier angesammelt hat. Es kann sich ja nicht handeln um ein Einsacken des kleineren Teils durch den größeren, sondern das muß in gegenseitigem Respekt geschehen, und abgeschlossen werden muß es durch eine Abstimmung, bei der – obwohl hier weniger Menschen leben – das Wort der Frauen und Männer zwischen Ostsee und Vogtland dasselbe Gewicht hat wie das der Frauen und Männer zwischen Flensburg und Passau.

Freude, Nachdenklichkeit und neue Verantwortung

Berlin, am Abend des 18. März 1990

Mit den ersten freien Wahlen seit mehr als einem halben Jahrhundert hat die parlamentarische Demokratie in diesem Teil Deutschlands ihren Durchbruch erfahren. Das hat historische Bedeutung und ist Grund zur Freude. Es sind übrigens hundert Jahre seit dem Tag, an dem Otto von Bismarck zurücktreten mußte, nachdem er mit seinen Gesetzen zur Bekämpfung der Sozialdemokratie gescheitert war.

Dies war einer der interessantesten Wahlkämpfe, an denen ich teilgenommen habe, und vieles daran war bewegend. Doch selten haben sich so viele so sehr geirrt, was das zu erwartende Ergebnis anging. Auch ich habe mit einem anderen Ausgang gerechnet. Die Begegnungen mit Abertausenden zwischen der Ostsee und dem Vogtland, zwischen Elbe und Oder, hatten mich dies vermuten lassen. Aber ein Demokrat hat die Entscheidung der Bürger zu respektieren. Außerdem ist es gut zu wissen, daß die ersten freien Wahlen nicht die letzten sein werden. In den Jahren, die vor uns liegen, wird sich noch manches ändern.

Die Überraschungen beziehen sich *erstens* darauf, daß die Wahlbeteiligung alle Erwartungen übertraf. Die Menschen in der DDR haben demonstrativ zum Ausdruck gebracht, daß sie die staatliche Einheit und die D-Mark ohne Wenn und Aber wollen. *Zweitens* hatte niemand, auch nicht die direkt Betroffenen, mit einer so breiten – wenn auch nicht mehrheitlichen – Zustimmung zur CDU gerechnet. Dabei bleibt beachtlich, daß sich der von der CSU geförderte „Allianz"-Partner DSU, durch besondere Aggressivität hervortretend, mit einem eher bescheidenen Ergebnis zufriedengeben mußte. *Drittens* blieb die SPD weit entfernt von jener führenden Rolle, die ihr noch vor einem Monat durchgehend vorausgesagt wurde. Dabei weichen die positiveren Ergebnisse in Ost-Berlin und in anderen Gebieten in der Mitte der DDR deutlich von der Gesamttendenz ab. Die Kommunisten, jetzt PDS, schnitten, *viertens*, deutlich besser ab, als man es noch zur Jahreswende für wahrscheinlich gehalten hatte. *Fünftens* mußten sich die neuen Gruppen, die bei der Umwälzung im Herbst '89 eine so maßgebende Rolle spielten, mit einem äußerst mageren Ergebnis bescheiden.

Der Erfolg der CDU bzw. der „Allianz" beruht in erster Linie darauf, daß sie als diejenige Gruppierung erschien, von der – stellvertretend für die Regierungsspitze in Bonn – umgehend die staatliche Einheit und noch im Vorlauf eine wirtschaftliche Belebung mit Angleichung des Lebensstandards zu erwarten sei. Daß damit manche Probleme erst beginnen und zumal Fragen nach der sozialen Absicherung offenbleiben, blieb weitgehend unbeantwortet und wurde auch nicht für so wichtig gehalten. Mich erinnert das in gewisser Hinsicht an die Bundestagswahlen 1949, auch an die Berliner Wahlen im Jahr danach. Die Sozialdemokraten hatten sich damals entschlossen, was ja auch manchmal notwendig ist, gegen den Strom zu schwimmen und eher ungünstiges zu prognostizieren.

Die CDU verfügte, anders als die SPD, über einen funktionierenden Parteiapparat, mit tausend Angestellten, Zeitungen und vielem anderen. Die generalstabsmäßig eingesetzten Parteiapparate in Bonn, München, Wiesbaden und anderswo traten mit ihren zentralen Propagandamitteln, Kampagnentrupps etc. massiv hinzu und ließen eine Situation entstehen, als stünden Steckenpferde gegen motorisierte Verbände. Zum wahlentscheidenden Argument wurde, daß das Geld aus Bonn nur fließen werde, wenn sich die Wähler Bonn-konform verhielten. Hinzu kam die hundsföttisch geschichtsklitternde (und die Opfer des Widerstands schmähende) Gleichsetzung von freiheitlicher Sozialdemokratie und totalitärem Kommunismus.

Daß die Stimmung zu Lasten der Sozialdemokraten „kippte", war um die Monatswende Februar/März unschwer zu spüren. Auf einer Pressekonferenz in Erfurt am Abend des 3. März habe ich versucht, den Ursachen nachzuspüren und sie hauptsächlich darin gesehen, daß die unbeantworteten Fragen nach dem künftigen Leben der einfachen Leute immer mehr Unsicherheit erzeugten und daß zunehmend das Argument verfange, die Mittel aus Bonn würden nicht fließen, falls sich die Wähler am 18. März unbotmäßig verhielten.

Dies hat nichts daran geändert, daß man bis zum Vorabend große und schöne Kundgebungen erlebte. Aber es nahm auch die Zahl der Briefe und zugesteckten Zettel zu, die einem bedeuten wollten: „Sie sprechen uns aus dem Herzen, aber ihre Partei können wir diesmal (leider) nicht wählen."

Europa-, außen- und sicherheitspolitische Erwägungen haben meiner Beobachtung nach für die Wählerentscheidung eine untergeordnete Rolle gespielt. Man hat sie nicht oder noch nicht als etwas empfunden, wofür das eigene Votum besondere Bedeutung habe. Andere würden schon wissen, was richtig sei. Außerdem ist es auch nichts Neues, daß sich Scharlatanerie eine ganze Weile als Ausdruck staatsmännischer Weisheit feilbieten läßt.

Die SPD (DDR) hat angesichts der Tatsache, daß sie erst im Herbst '89 mit einer kleinen Gruppe auf der Bildfläche erschien, Erstaunliches geleistet. Im Gegensatz zu anderen Gruppen hat sie es aus dem Nichts zu über 20 Prozent gebracht, und das in vier Monaten. Sie verfügt über eine große Zahl moralisch engagierter und in einer Vielzahl von Berufszweigen qualifizierter Mitstreiter. Ihr Zugang zur produzierenden Wirtschaft – zur Verwaltung ohnehin, und zwar zwangsläufig – blieb minimal. Manche Energien, die der Wahlauseinandersetzung hätten zugute kommen können, wurden durch die Selbstfindung einer ganz neuen politischen Gruppierung in Anspruch genommen. Die Wiederbelebung sozialdemokratischer Traditionen aus der Zeit vor 1933 blieb im wesentlichen blaß und ohne nennenswerte Wirkung. Das zeigte sich sehr deutlich in jenen Regionen – Sachsen, Thüringen –, aus denen die sozialdemokratische Arbeiterbewegung einmal kam.

Die Unterstützung durch lokale und regionale Gliederungen der bundesdeutschen SPD war beachtlich und bleibt lobenswert. Dies gilt auch für manche Hilfestellung der Bundespartei. Eine strategische Hilfe von Bedeutung hat dies schon deshalb kaum werden können, weil es die Eigenverantwortung der neuen Partei strikt zu beachten galt; hier war die Lage diametral anders als auf seiten der CDU. Unterschiedliche Auffassungen zur staatlichen Einheit ließen sich nicht im Handumdrehen auf einen Nenner bringen. Mein eigenes Bemühen, verschiedene Aspekte des historischen Vorgangs als einander ergänzend zu verstehen, erwies sich als nicht ausreichend erfolgreich. Es stellte sich auch heraus, daß das Verlangen nach sozialer Sicherheit, vor allem auf bestimmte Berufsgruppen bezogen, von der PDS (Ex-SED) wirksamer aufgegriffen wurde, als es die meisten für möglich gehalten hatten.

Darüber hinaus hat die Inanspruchnahme des Begriffs „Demokratischer Sozialismus" – in anderen Ländern sogar „Sozialdemokratie" – durch traditionell kommunistische Parteien Fragen aufgeworfen, von deren kluger Beantwortung viel abhängen kann. Ich kann meinen politischen Freunden nicht dazu raten, sich einer terminologischen Flurbereinigung zu entziehen. Mindestens so wichtig ist freilich die aufmerksame Beobachtung tatsächlicher Veränderungen, die sich im parteipolitischen Gefüge des bisherigen Ostblocks (mit Einschluß der Sowjetunion) vollziehen.

Die Verantwortung der Sozialdemokraten für den Prozeß der deutschen Einheit ist durch den 18. März um nichts geringer geworden. In der Noch-DDR werden sie sich gewiß nicht an den Rand oder in unfruchtbare Oppositionsbündnisse drängen lassen wollen. Im ganzen werden sie sich freilich nicht für Entscheidungen vereinnahmen lassen, von denen sie ausgeschlossen bleiben. Aber nichts darf dies daran ändern, daß die Sache der europäisch eingebetteten deutschen Einheit in hohem Maße die Sache der Sozialdemokratie war – und bleiben muß.

Über den Autor

WILLY BRANDT, 1913 in Lübeck geboren, seit jungen Jahren Vertrauensämter in der sozialistischen Jugendbewegung; Mitglied der SPD seit 1930, im folgenden Jahr Übertritt zur SAP (Sozialistischen Arbeiterpartei); 1932 Abitur; 1933 Flucht über Dänemark nach Norwegen, journalistische Tätigkeiten und historische Studien, Mitarbeit in unterschiedlichen Organisationen der norwegischen Arbeiterbewegung, zahlreiche Reisen in Zentren des deutschen Exils; 1936 beteiligt an Heinrich Manns Bemühungen um eine deutsche Volksfront gegen Hitler, getarnter Aufenthalt in Berlin; 1937 mehrmonatiger Aufenthalt in Katalonien, Berichterstattung über den Spanischen Bürgerkrieg und Vermittlung humanitärer Hilfe; 1938 Sekretär der norwegischen Volkshilfe, Ausbürgerung durch die nazistische Reichsregierung; 1940 vorübergehend in deutscher Gefangenschaft, Flucht nach Schweden, dort publizistische Arbeiten, Bestätigung der norwegischen Staatsangehörigkeit durch die Londoner Exilregierung; 1944 Verbindung zum Aufstandsversuch des 20. Juli, Mitglied der Landesgruppe deutscher Sozialdemokraten in Schweden; 1945 Rückkehr nach Oslo, dann Korrespondent für skandinavische Zeitungen in Deutschland; 1947 Presseattaché an der Norwegischen Vertretung beim Kontrollrat in Berlin; 1948 Vertretung des SPD-Vorstands in Berlin und Wiedereinbürgerung; 1949 als Berliner Abgeordneter im 1. Deutschen Bundestag; 1950 Mitglied des Abgeordnetenhauses von Berlin; 1954 stellvertretender, ab 1958 Landesvorsitzender der Berliner SPD; 1957 Regierender Bürgermeister von Berlin (bis zum Eintritt in die Bundesregierung im Dezember 1966); 1958 Mitglied des SPD-Vorstands, 1962 stellvertretender Vorsitzender; 1960 und 1965 sozialdemokratischer Kanzlerkandidat; 1964 Wahl zum Parteivorsitzenden (durch Wiederwahlen bestätigt bis 1986); 1966 Bundesminister des Auswärtigen; 1969 Bundeskanzler einer Koalition von SPD und FDP; 1970 Treffen mit dem DDR-Ministerratsvorsitzenden in Erfurt und Kassel; Unterzeichnung der Verträge von Moskau und Warschau; 1971 Verleihung des Friedens-Nobel-Preises in Oslo; 1974 Rücktritt vom Amt des Bundeskanzlers; 1976 Wiederwahl in den Deutschen Bundestag (ebenso 1980, 1983, 1987); Wahl zum Präsidenten der Sozialistischen Internationale (ebenso 1978, 1980, 1983, 1986, 1989); 1977 Vorsitzender der „Unabhängigen Kommission für internationale Entwicklungsfragen" („Nord-Süd-Kommission"); 1979 Wahl ins Europäische Parlament (bis 1983); 1987 Rücktritt vom Parteivorsitz, Berufung zum Ehrenvorsitzenden der SPD; 1990 auf dem Gründungs-Parteitag in Leipzig Berufung zum Ehrenvorsitzenden der SPD (DDR); zahlreiche Ehrendoktorate und Auszeichnungen, u. a. Dritte-Welt-Preis (New York, 1985) und Albert-Einstein-Preis (Washington, 1985).

Nachweis der Abbildungen

S. 14   Steiner/dpa
S. 24   TASS
S. 36   Athenstädt/dpa
S. 42   dpa
S. 54   ADN
S. 62, 75   Marc Darchinger
S. 80   dpa
S. 88   ap
S. 98, 105   Harald W. Setzwein
S. 110   Wärner/dpa
S. 117   Kleefeldt/dpa
S. 122   ADN
S. 127   Brakemeier/dpa
S. 134   Popp/dpa
S. 140, 150 Brakemeier/dpa

CIP-Titelaufnahme der Deutschen Bibliothek

Brandt, Willy:
„... was zusammengehört": Reden zu Deutschland /
Willy Brandt. – Bonn: Dietz, 1990
  (Dietz-Taschenbuch; 35)
  ISBN 3-8012-3035-X
NE: GT